acorde

Dados Internacionais de Catalogação na Publicação (CIP)
(Câmara Brasileira do Livro, SP, Brasil)

Guedes, Abel
Acorde : conversas & pontos de vista / experimente experimentos: estratégias e reflexões para atualizar habilidades de relacionamento em tempo de inovações / Abel Guedes. – São Paulo: Perspectiva, 2009.

ISBN 978-85-273-0861-8

1. Autoconhecimento 2. Comportamento – Modificação 3. Gestalt (Psicologia) 4. Gestalt-terapia I. Título.

09-04968 CDD-150.1982

Índices para catálogo sistemático:

1. Gestalt: Psicologia 150.1982
2. Psicologia da gestalt 150.1982

abel guedes

acorde

experimente experimentos

estratégias e reflexões
para atualizar habilidades
de relacionamento
em tempo de inovações

PERSPECTIVA

sumário

acorde experimente experimentos

- 01 aprender, 7
- 02 como experimentos, para quê?, 8
- 03 acorde acorde acorde, 11
- 04 conversa com verso e verso com, 13
- 05 reapresentar, 14
- 06 cadê eu? outra vez!, 18
- 07 crise, 19
- 08 sinceridade, 23
- 09 convido você a tomar posse de você, a pessoa que só você é, 24
- 10 virar volver variar, 26
- 11 papo entre eus, 29
- 12 cuide, 33
- 13 a árvore das lembranças, 34
- 14 observo, 37
- 15 sentidos sentidos, 38
- 16 todos e nenhum, 40
- 17 ria de você mesmo!, 41
- 18 é! assim também é possível!, 43

- **19** um pouco de tempo, 44
- **20** a força, as forças, 46
- **21** eu como você sou, 49
- **22** adversário não é inimigo, 50
- **23** ria de você mesmo! mais!, 51
- **24** do jeito que só você é quando você é do seu jeito, 53
- **25** além das tríades, 55
- **26** impossível! impossível?, 57
- **27** gênero, 58
- **28** sai e entra, 59
- **29** papel, 60
- **30** absurdo, 61
- **31** quem aprende não prende, assimila, 62
- **32** foque e diferencie, 63
- **33** frequentemente, 65
- **34** pequenos grandes vícios e danos, 67
- **35** observe e mexa você, 69
- **36** obrigado!, 70

agradecimentos, 72

aprender

é descobrir
que algo
é possível

como experimentos, para quê?

os experimentos aqui são propostas para você (re)aprender a **fazer contato** – com os outros, com as coisas e com você no tempo e no espaço oportuno – como você sempre faz e de outros modos também, pouco habituais e até mesmo ignorados. o sugerido é que você os faça atento e com gosto. a pretensão é que você resgate, descubra possibilidades de escolher e se relacionar com mais liberdade e satisfação, **aprimore o seu melhor jeito**.

o experimento é diferente do exercício, não tem uma única maneira certa de ser realizado, não foi testado e nem tem tabela para você conferir ou avaliar-se. ele é **sempre original** e é aí que vive a sua graça e potência.

"aprender é descobrir que algo é possível" é uma afirmação de fritz perls*, que recupero quando me aventuro e também ao convidar alguém para experimentar seja o que (ou quem) for: ideia, sentimento, movimento, ritmo, lugar, o outro, o divino. peço atenção, consciência, cuidado e respeito. elementos indispensáveis para quem quer (re)aprender algo relativo a **nós humanos**.

em vez de "faça de conta" peço que **faça de verdade**, realmente assuma, vivencie o que for sugerido, coloque-se inteiro na situação. como em qualquer boa vivência, **dê tempo para que o inesperado se apresente**, respire, isso mesmo **inspire e expire intensa e demoradamente**. lembre de perceber-se, atente aos seus pontos de tensão, aos engasgos, ao que evita, às repetições, a tudo que emerge e se impõe, ao que clama sua atenção.

* frederick perls, o iniciador da gestalt terapia. meu caminho como psicólogo e psicoterapeuta e a principal inspiração deste livro.

algumas **dicas** para você fazer os experimentos com melhor qualidade:

- todo experimento acontece no **agora e aqui**. em vez de eu estava, diga eu estou, em vez de lá diga aqui, você "traz" o lá e o então para o aqui e agora;

- em vez de **a gente** – ou do nós politicamente correto e adequado em muitas situações corporativas – que generaliza, fale **eu**, que discrimina e facilita o assumir e o rejeitar;

- interaja e considere **com respeito** cada coisa ou pessoa que "surgir", trate-os como visita inesperada, de quem queremos saber a que veio;

- enfatize mais **"o como" e o "o que"** das experiências do que o "por quê?". na maioria das vezes nos sobrecarregamos com os porquês – muito importantes nos estudos científicos, nas fábricas – esquecendo que os fenômenos relacionais, descritos e (re)conhecidos através do **o que** e do **como**, podem ser assimilados com mais propriedade.

- ah! se quiser, lembre de se perguntar **para quê**? com que finalidade o tal fenômeno acontece? claro que procurando saber como você contribui e o que você pretende com isso.

- pedirei muitas vezes para que você **registre**, pode ser escrevendo, gravando ou algum outro recurso que você tenha familiaridade. o registro nos exige um certo distanciamento da experiência, que nos permite outros pontos de vista e nos possibilita (re)examiná-los em novos momentos.

aproveite, são apenas truques para facilitar a identificação e a diferenciação, para você se apropriar do que interessa e nutre, e se livrar do que o atrapalha e intoxica.

confie que, estando presente e disponível ao experimentar, você focará o que importa, o precioso, a parte a ser atendida, a emergência a ser observada e (re)integrada ao todo.

experimente são propostas para você experimentar você, chances de surpreender você e, do outro lado, em **conversas e pontos de vista** estão "prosas" para você refletir. você poderá experimentar e depois buscar a leitura, vice-versa ou aproveitá-los em outras combinações que preferir.

bom trabalho e obrigado!

acorde acorde acorde

observe. recorde, se possível anote agora o que **acorde** sugere a você.

acorde pode ser:

- ¤ a concordância entre instrumentos e vozes, a harmonia;
- ¤ a combinação, o de acordo quando mais de duas notas ou coisas soam simultaneamente;

o imperativo de acordar, **acorde**, que também é:

- ¤ faça desaparecer ou não apresente incompatibilidades, concorde, admita, consinta, dê permissão; ajuste-se;
- ¤ (re)conheça seus sentimentos, pensamentos e ações iguais ou semelhantes aos outros;
- ¤ entenda-se;
- ¤ decida-se, faça valer sua vontade e autoridade;
- ¤ ceda, conceda;
- ¤ acomode, estabeleça harmonia e equilíbrio entre as partes, afine.
- ¤ concilie.

ou, ainda:

- ¤ alerte-se, atente;
- ¤ anime-se, provoque;
- ¤ lembre, recorde;
- ¤ **desprenda-se**;
- ¤ saia da sonolência, desperte, **recobre os sentidos**.

acorde o que você escreveu ou pensou lá no início do texto quando perguntado a respeito do significado de acorde. imagino que achou durante a leitura outros sentidos para a mesma palavra, alguns óbvios e outros nem tanto. torço para que perceba como e o que lhe tocou no encontro de você (do seu saber) com o escrito aqui. algumas pessoas discutem ideias, outras, emoções, outras, ações, e você?

acorde e se dê conta de como você usufrui a leitura do texto.

você está presente ou apenas no automático? você lê com atenção? recorda e associa com experiências suas? concorda e discorda do que é dito? você sente o seu corpo agora? o que nele chama sua atenção? algum sentimento em especial se revelou e/ ou está presente agora? o que você percebe? você faz imagens, visualiza "coisas", lembra de outros textos, situações?

experimente responder agora antes de continuar, arrisque-se!

parece que é consenso a ideia que estamos no automático, desligados na maior parte do tempo, que pouco aproveitamos de nós e que acordar, lembrar a cor que as coisas tem, nos conecta em nós.

obrigado!

conversa, com verso e verso com

conversando, **com**versando fica interessante, apesar de errado, evidencia que sempre tem mais um no papo, mesmo que seja coisa, alguém imaginário ou o tal do "eu mesmo", esse que às vezes é um, outras muitos.

você alguma vez já se desabafou com alguém de verdade? já disse tudo que tinha vontade naquele momento, sem freio, meias palavras ou meia voz? sentiu que saía do sufoco? experimente agora.

imagine, apenas imagine! você diante de uma ou mais pessoas – quantas são? anote os nomes de quem aparecer. escolha uma ou duas para você se dirigir a ela(s). imagine você diante dela(s), explodindo num intenso desabafo, uma forte catarse – não importa o texto, o quê ou sobre o quê você fala – observe gestos, emoções suas e dos outros. veja a cena. faça outra vez, do começo.

repare como está você agora. alegre, crítica, pensando, perdida, frustrada, quente, com dor em algum lugar, seja lá o quê, e como for, (re)conheça você. nomeie o que se passa com você, o que você percebe.

por favor, não tire conclusões apressadas. aguarde que aparecerão hipóteses, sensações, lembranças… e você saberá como acolhê-las.

obrigado!

representar, "fazer teatro", é uma das maneiras mais simples de nos experimentar e aprender. é um dos jogos mais comuns tanto entre crianças como entre adultos. estes, geralmente o fazem sem perceber ao antever, ao preparar, ao ensaiar para "enfrentar" novas situações.

leia até o final (claro, que prestando atenção e aproveitando o que emergir) e depois, seguindo as instruções, experimente-se.

imagine que você irá representar o monólogo **traição, traísãovelhospactos.**

você está no palco, ainda atrás das cortinas e abre-as o suficiente para ver e não ser vista, quem está na plateia? está cheia ou vazia? é importante eleger pessoa ou pessoas, vivas ou mortas para assistir você. olhe outra vez a plateia e veja bem onde estão seus convidados.

releia em voz alta o texto **traição, traísãovelhospactos** (está no próximo título), ora como aquela pessoa que foi traída, ora como quem traiu; como a "outra", a cúmplice de quem traiu, ou como alguém que apenas presencia e não está envolvida com ninguém nem com nada. cada personagem enfatiza mais uma ou outra frase, observe como você faz isso, sublinhe se quiser.

repare como você se sente em cada papel. o que você tem vontade de fazer com (e sendo) os personagens envolvidos? qual mais se parece com você?

ouse! brinque!

leia em voz alta (inteiro ou pedaços, seus preferidos pedaços) invente os gestos, vislumbre a cena. imagine que um observador atento "fotografa" seu ensaio, suas expressões.

outra vez, agora olhando para a plateia, para as suas pessoas. represente, alto e bom som.

faça contato com o que você percebe em você durante e após (sentimentos, sensações, pensamentos, movimentos...); reveja a reação da plateia.

observe o que chama a sua atenção e registre, se possível escrevendo ou gravando. repare se você quer comentar com alguém, pensar a respeito, simplesmente deixar de lado ou ....(complete com o que quiser).

obrigado!

traição, traísãovelhospactos

– … já que você tanto insiste… é verdade !

fúria, desconcerto, impotência … contraditório alívio… aconteceu!

o que estava confuso, parado, esquisito, sem graça, o fora do lugar revela-se, os fragmentos de memória vão se encaixando, tornando presente o que eu já sabia – o gosto estava na boca – e eu não conseguia ou não podia ou não queria dar os nomes.

tudo clareando com bom contorno, forma e sentido, tão claro que ofusca, dói, humilha, ofende.

o arranjo inesperado das partes revela uma configuração impossível de controlar e de prever.

obriga-me a resgatar sei lá o quê, a encarar as velhas desculpas de jeitos novos, a ir ao limite,

exibir, deixar aparecer o que escondi, neguei.

mostrar o que faço (fazemos?) "por baixo dos panos", o que evito em nome disso e daquilo.

expectativas frustradas, promessas não cumpridas, mágoas, ressentimentos, rancores, situações inacabadas, desamores, descuidos, adiamentos, sonhos, o que disse, deixei, deixamos de dizer, sentir, fazer estão gritando à flor da pele.

o estagnado, o quase sem movimento como estávamos explode, os dados rolam num jogo sem fim.

o que justificávamos: – "é assim mesmo !", – "são essas as regras!" posso, agora, recolocar de mil maneiras, o certo desapareceu ocupando seu lugar o possível.

o futuro cheio de certezas, promessas, um quadro já preenchido volta a ser, ou melhor, mostra-se ou, melhor ainda, é e eu o percebo como ele é:

uma tela em branco, espaço aberto, incógnito.
aterrador no primeiro momento, excitante a seguir, resgato a
esperança, a possibilidade de desejar, querer, caminhar, trabalhar,
viver, realizar o que quero, arriscar-me, ir à luta.
olho – inteira, curiosa de verdade, querendo saber – percebo,
sinto e não mais só revejo e explico.
posso agora, sou capaz de suportar a dor, com os sentidos alertas,
livro-me do sofrimento, ressinto a minha história
com interesse e compreensão.
aproveito o sentir-me velha para ser avó de mim,
cúmplice, tolerante, sábia.
reencontro a vontade de conhecer amorosamente;
a atenção desinteressada; a fluidez
de quem não sabe e quer aprender.
disponível para o não, para o sim, para o inesperado; para
comprometer-me; para ser o que nunca fui e sempre serei;
para descobrir-me e, também, para "**com**trariar", "**com**fiar",
"**com**bater", "**com**tratar", "**com**cordar", "**com**versar"...
co-responsável brinco e aceito que agora também
sou capaz de trair a mim mesma.

cadê eu? outra vez!

é comum nos darmos conta que nos perdemos, esquecemos de nós mesmos em algum momento anterior ao da tomada de consciência. cadê eu? é uma pergunta que você já se fez?

lembra de ter dado bandeira? involuntariamente ter demonstrado algo que nem você havia percebido em relação a seus sentimentos, razões ou ações abandonados, esquecidos? alguém percebeu?

alguma vez você já reparou que, sem nenhuma necessidade, se justificava, se defendia, se desculpava para alguém que ali queria somente saber um pouco mais do que havia perguntado, talvez até para conhecer melhor você?

sem culpas ou desculpas, sem julgar, nem condenar ou inocentar--se, recorde (ou invente) uma conversa sobre algum aspecto importante do seu jeito de ser. positivo ou negativo, você escolhe.

escreva, grave, ou fale alto (re)viva essa conversa. fatos e afetos, o mais claro que você conseguir. experimente-se.

se, ainda, quiser se arriscar mais, imagine essa mesma conversa com alguém que seja o oposto da pessoa com quem você se abriu. escolha a pessoa e experimente, fatos e afetos, o mais verdadeiro que você for capaz.

registre como você está se sentindo e o que está pensando. anote que parte ou aspecto seu você recordou, resgatou.

obrigado!

crise

buscar as palavras no dicionário para saber **o que mais que elas significam** pode ser um bom caminho para fazer contato com a nossa ignorância, aceitar aquilo que não sabemos ainda porque não aprendemos. pode ser uma agradável surpresa o "eu não sabia" que inspira novas buscas.

experimente ler ludicamente o vocábulo crise e acompanhar o que acontece com você. antes recorde o que você já sabe sobre o significado de crise. acompanhe, no sentido de **observe**, quais as reações, sensações, fantasias, associações, pensamentos, movimentos, sentimentos que assaltam você enquanto lê. simplesmente fique atento, atenção semelhante ao ver um ótimo filme, ouvir uma história muito bem contada, apreciar uma obra de arte, olhar com curiosidade e interesse para algo que nunca viu antes, isso mesmo, deixe-se tocar, fecundar. você terá o privilégio de observar uma das mais belas e importantes (re) criações da natureza: você.

crise

s.f. (sxviii) 1 hist. med. segundo antigas concepções, o 7º, 14º, 21º ou 28º dia que, na evolução de uma doença, constituía o momento decisivo, para a cura ou para a morte; 1.1. med. o momento que define a evolução de uma doença para a cura ou para a morte; 2. med. dor paroxística, com distúrbio funcional em um órgão; 3. psican. estado de manifestação aguda ou de agravamento de uma doença emocional e/ou mental, suscitado pela interferência de fatores objetivos e/ou subjetivos <terapia de c.> <c. de separação>; 4. p.ext. estado de súbito desequilíbrio ou desajuste nervoso, emocional <c. de nervos> <c. de choro>; 5. p.ext. iron. eventual manifestação repentina de um sentimento, agradável ou desagradável <c. de amabilidade> <c. de ciúme>; 6. p.ext. iron. estado de incerteza, vacilação ou declínio <c. de fé> <c. moral>; 7. econ. grave desequilíbrio conjuntural entre a produção e o consumo, acarretando aviltamento dos preços e/ou da moeda, onda de falências e desemprego, desorganização dos compromissos comerciais; 7.1. econ. fase de transição entre um surto de prosperidade e outro de depressão, ou vice-versa; 8. soc. situação socioeconômica repleta de problemas; conjuntura desfavorável à vida material, ao bem-estar da maioria <c. nacional> <c. administrativa> <c. da produção>; 9. soc. momento histórico indefinido ou de riscos inquietantes <c. de transição>; 10. soc. episódio ou lance difícil, desgastante e duradouro <envolveu-se em dilacerante c. amorosa>; 11. soc. situação de tensão momentânea, disputa grave, conflito <na c. albanesa, caiu o governo maoísta>; 12. soc. situação de falta, escassez, carência <c. de matéria-prima> <c. do abastecimento> • c. convulsiva neur. psiq. m.q. **crise epiléptica** • c. de crescimento psic. conflito que ocorre na fase em que um indivíduo já experimenta suas novas forças (de integração, de independência), mas ainda não superou a influência de seus problemas centrais • c. dramática lit. teat. culminância da ação ou dos conflitos psicológicos quando uma intriga se intensifica e atinge uma solução decisiva, freq. violenta • c. epiléptica neur. psiq. eclosão súbita e periódica da doença, caracterizada por convulsões, perda da consciência e outros distúrbios cerebrais; crise convulsiva • c. epiléptica generalizada neur. psiq. a que caracteriza o grande mal, provocada pelo aumento da atividade cerebral, levando à perda da consciência e contrações rítmicas (com risco de ferimentos) seguidas de sono longo • c. epiléptica parcial neur. psiq. a que é própria do pequeno mal, ger. marcada unicamente por uma breve suspensão da consciência • c. ministerial pol. em regime parlamentarista, fase intermediária entre a dissolução de um governo e a formação de outro • c. social soc. processo de intensa mudança (conjuntural ou estrutural) na organização de uma sociedade, alterando suas relações intergrupais ou de classe, suas normas e padrões culturais • etim. lat. crìsis, is "momento de decisão, de mudança súbita, crise (us. esp. acp. med.)", do gr. krísis, eós "ação ou faculdade de distinguir, decisão" p. ext. "momento decisivo, difícil", der. do v. gr. krínó "separar, decidir, julgar"; já no lat. ocorre a acp. "momento decisivo na doença"; a pal. ganha curso em econ. a partir do séc. xix; fr. crise (1429), ing. crisis (1543), al. krise (séc. xvi), it. crisi (séc. xvi-xvii), esp. crisis (1705), port. crise (séc. xviii); ver critic- • sin/var ver sinonímia de tribulação • ant ver antonímia de desdita (*dicionário eletrônico houaiss da língua portuguesa*)

o que mais chamou sua atenção? como está você agora? sorrindo? indiferente? chorando? pensando? recordando? curiosamente leve? ....?

outra vez!

experimente ler, **como quem brinca,** os recortes que fiz no vocábulo crise e tome consciência do que acontece com você. repare, apenas **observe**, quais as reações, sensações, fantasias, associações, pensamentos, movimentos, sentimentos que assediam você enquanto lê. vigie, olhe com disponibilidade, curiosidade e desprendimento. você terá o privilégio de desfrutar um pouco mais do seu jeito de ser e da sua história.

o momento decisivo
estado de súbito desequilíbrio
grave desequilíbrio
fase de transição
situação repleta de problemas
momento histórico indefinido
momento de riscos inquietantes
episódio ou lance difícil
situação de tensão momentânea,
disputa grave, conflito
momento de decisão, de mudança súbita

se quiser compartilhe com outra pessoa a experiência acima, contando o que se passou com você e/ou pedindo para ela ler, fazer e compartilhar com você. descobrirá mais, ainda, sobre nós, os humanos.

obrigado!

sinceridade

esse experimento é um pouco mais arriscado, exige que você convide alguém para realizá-lo juntos.

o pedido é que fiquem doze minutos (um bom e longo tempo) juntos, em silêncio, sem palavras nem mímicas, cada um na sua e conscientes um da presença do outro.

observe e anote o que sente e quais as fantasias, medos e graças que você fez ao ler a proposta. quem você quer convidar para se arriscar com você? alguém que você deseja apenas estar junto, ou tem mais alguma intenção, social, fraternal, espiritual ou carnal?

convide uma pessoa para, juntos, experimentarem e passe a ela as instruções para que observe a si mesma e anote como se sente e o que pensa a respeito, sugerindo a ela que não tire conclusões apressadas. você segue as mesmas instruções.

se para você é demais convidar alguém, por qualquer que seja a razão ou a emoção, imagine a situação, registre-a com detalhes, escrevendo ou gravando durante, pelo menos, doze minutos sem interrupções. e atreva-se a compartilhar com alguém o que você escreveu, gravou e comente suas percepções.

observe e anote como você reage às propostas, quais seus sentimentos e comentários.

obrigado!

convido você a tomar posse de você, a pessoa que só você é.

– saiba:
que somos responsáveis pela qualidade (o como) de nossas experiências, que você constrói a sua vida aproveitando, do seu jeito, o que ela lhe oferece .

– aprenda que aprende quem:
experimenta, sente o gosto de cada coisa e cada momento;
descobre que é possível;
compreende e testa, antes de engolir, receitas e programas prontos;
se entrega e se integra à situação e faz suas escolhas;
atreve-se ao toque inovador que inclui cabeça, tronco, membros, ação, pensamento, sentimento, sentidos alertas;
mira, busca e se deixa acertar pelas oportunidades e acasos da vida;
perde e resgata o foco, o controle na e da situação continuamente;
arrisca a espontaneidade;
ouve e obedece inspirações;
busca e encontra meios para expressar a si e as suas obras;
realiza só e/ou com os outros seus "saberes", sonhos e projetos;
vive no limite.

recorde, agora, um dos seus projetos pessoais ou um sonho ou um desejo e diga quando (dia, mês e ano) você pretende realizá-lo, dê-se um prazo.

visualize você na situação, agindo e concretizando o que elegeu, anote os detalhes, as pistas, pois elas são facilitadoras para a sua realização.

explore, observe cada possibilidade, você. tão importante quanto fazer, pensar e sentir é ser consciente de como você faz, pensa e sente.

sinta o que acontece com você agora, observe (com o seu "melhor olhar", aquele que você "usa" quando quer de fato saber o que se passa) e registre.

ouse, inteira, sair do "sempre faço assim", "esse é o meu jeito", da mesmice.

acredite que cada vez que você atenta, experimenta algo, **tudo** em você se (re)configura; mesmo aquilo que você não percebe de imediato, seu organismo, você, continua trabalhando para expulsar e/ou assimilar.

aproveite mais e melhor você mesma, faça hoje, no máximo na próxima semana, algo que há muito você não faz ou que nunca fez; pode ser pão, isso mesmo, desde amassar até comê-lo com alguém; realize qualquer "arte" que você toque, veja, cheire, saboreie e compartilhe com pelo menos mais uma pessoa; comente com alguém a sua experiência, esta ou qualquer outra, e terá surpresas agradáveis, **com certeza.**

obrigado!

virar volver variar

você conhece, alguma vez já viu umas bonequinhas típicas da rússia, que se encaixam mutuamente e, dizem, que são feitas de **um único pedaço** de madeira? babouchka (avozinha) e matriosca são alguns de seus nomes, geralmente elas são sete.

curioso é que nós também temos origem de uma única célula, configurada do encontro de pai e mãe, que é capaz de se diferenciar de acordo com o lugar onde se encontra e desenvolver-se em "tecido" que for necessário para nossa formação, para nos compor.

a obra viva, que somos nós, é "esculpida" por muitos "artistas" – a famosa dona carga genética; o importante sr. ambiente socioeconômico cultural; as gêmeas formal e informal educação; os sempre "culpados" sr. papai e d. mamãe (a novidade é que eles parecem ter menos importância e influência que se imaginava); a turma da cia. sorte & oportunidades e, com certeza, o tal do eu mesmo.

obra também chamada humano, composição em eterno vir a ser, que está continuamente se reorganizando e sendo reorganizada nas suas partes e assim (re)configurando o todo de si mesma e o todo que inclui ela e tudo.

lembre-se que você é diferentes expressões, aspectos, papéis, jeitos que foram e continuam, que se manifestam em variadas composições de acordo com a hora e o lugar, com a situação. o que fomos, somos e o que seremos está contido em nós disponível para (re)configurar e nos revelar.

leia a tabela **tal qual** vertical e horizontalmente. crie diferentes combinações com os traços que você (re)conhece como seus. anote o que mais figurar, o que saltar aos seus sentidos. vagueie ao (re)montar você, inspirada por **tal qual**. recorde-se de diferentes momentos seus, como era você mais velha e como será quando for mais nova, isso mesmo, sem se importar com lógica ou qualquer outro enquadre; apenas brinque com as lembranças, projeções e arranjos que fizer. desfrute.

saber de nós mesmos por outros "ângulos", nos (re) apresentarmos, brincar conosco possibilita nos tornarmos **presentes**.

tal qual

tal qual	tal qual	tal qual	tal qual
criança	adolescente	adulta	idosa
brinca	ousa	executa	saboreia
&	&	&	&
com graça	com coragem	com força	com serenidade
leva a sério	atreve-se	interfere	compreende
o faz de conta	a novidade	a obra	o humano
&	&	&	&
passiva	ativa	receptiva	tranquila
atenta	sonhadora	hábil	atenta
"sem tempo"	"com pressa"	"com futuro"	"além do tempo"
&	&	&	&
explora	pratica	habilita	adquiri
exercita	informa	instrui	inicia
conhece	experimenta	usa	medita
&	&	&	&
tal qual	como	igual	parece
ingênua	jovem	madura	anciã
descobre	desbrava	desempenha	desabafa
&	&	&	&
eterna	agora	aqui	aqui & agora
? por quê	? o quê	? como	? para quê
sem pré-intenção	ensaia	realiza	desfruta
&	&	&	&
plena	completa	forte	inteira
curiosidade	disponibilidade	determinação	confiança
aprende	aprende	aprende	aprende
gente	volvo	vario	viro
vario	viro	volvo	pessoa

papo entre eus

um bom truque para clarear controvérsias, buscar inspirações, sugestões e fechar situações inacabadas é a "conversa das partes interessadas", que na maioria das vezes são e merecem ser tratadas como partes interessantes.

conversa entre as partes interessadas com parentes, amigos ou profissionais parece óbvio. o que você acha de fazer isso com você mesmo? você e seus "eus", o eu e o mim, o que quer e o que tem medo, o pessoal e o profissional, o que você é e o que você gostaria de ser e também com o outro, seja lá quem ou o que for, tal como você o supõe?

experimente e surpreenda-se

transforme "em parte" qualquer coisa, elemento ou pessoa que aparecer durante o experimento e deixe que cada uma se expresse. você, simplesmente, se emprestará para ser cada uma das partes. mais que uma atriz, uma representante delas, é aquela que além de colocar-se no lugar se transforma nela, é ela, experimenta tudo tal qual você imagina que a parte é.

como exemplo, imagine uma pessoa que, insatisfeita com o seu desempenho profissional, reconhece em si mesma um conflito entre uma configuração* sua que sabota tudo que é obrigação, ordem, compromisso e outra que critica tudo que é espontâneo, leve, gostoso, fácil; depois de identificá-las a protagonista opta por

* peço para você que aceite o uso da palavra configuração em vez de lado, ou parte, supondo que somos mais que dois lados opostos, somos diversas combinações de diferentes traços, que podem se manifestar em muitos jeitos. desempenhamos o mesmo papel de diversos modos, como se fôssemos muitos. um eu que se mostra em diferentes eus. (re)conhecendo e nomeando nossos "eus" podemos integrá-los.

chamar uma com o sobrenome da família da mãe (dizpai) e outra com o da família do pai (falamãe).

imagine, descreva e "arrume" o lugar onde a conversa acontece, repare como cada uma das partes se apresenta, qual é a aparência delas, seus jeitos e coloque-se no lugar de uma e da outra, quanto mais detalhes você tiver melhor será o desenrolar da negociação.

(*o escritório onde ele trabalha, claro, pequeno, cuidado... ; dizpai: à vontade, relaxado, alegre... e falamãe: sério, formal, assertivo...*)

as conversas são sempre originais e observamos que apresentam atos nem sempre na mesma ordem e semelhantes aos seguintes:

1 **queixas e acusações:**

falamãe: você dá pouca atenção ao que deve ser feito, cuida mal das coisas, resmunga sempre, é "instável" com os clientes, vive atrasado...

dizpai: você é muito exigente, nunca está satisfeito, sempre arrumado, cheio de regras, de certos e errados...

2 **elogios e engrandecimento:**

falamãe: sei você é competente, inteligente, tem força, quer muito fazer sucesso, mas...

dizpai: você é seguro, estudioso, sabe o que deve ser feito, sempre bem informado, atual, mas...

o crítico: (*outra parte interessada que entra na história*) essa conversa não vai dar em nada...

a organizadora: sugiro que parem com os mas e façam suas exigências.

3 **pedidos e propostas:**

falamãe: é preciso que você dê mais atenção aos problemas que aparecem, trabalhe mais e brinque menos, estude o que é útil e prático, use mais...

dizpai: eu quero que você assuma sua ambição e pare de dizer que é só uma questão pragmática, que ocupe seu real lugar – nem mais nem menos – na minha vida, me ajude a aguentar essa chatice de ter que fazer as coisas na hora certa...

4 **contratos e acordos com prazo:**

falamãe: eu me comprometo a ser mais cúmplice e menos crítico, confesso que gosto de seus "jogos" quando feitos na hora certa, quando você usa sua inteligência para executar a tarefa e não para enrolar,...

dizpai: eu me comprometo a cumprir os horários com mais atenção, a não usar você para me justificar, a não ficar só me exibindo...

a organizadora: (*entrando na conversa*)- então, fazendo um resumo podemos dizer que...(faz uma síntese do que foi realmente dito e acordado entre as partes)

5 **reconhecimento dos pontos interessantes:**

é o penúltimo ato, deve ser feito por todas "as partes" que participaram da "conversa"; nos exemplos aparecem só quatro e é muito frequente outras partes ou aspectos da pessoa aparecerem fazendo apartes – lembranças, ironias, projeções, brincadeiras, **falas repetitivas**: cada uma reconhece e nomeia seus traços e sua configuração.

6 confirmação:

diga em voz alta, sendo você mesma, a totalidade integradora destas partes quais são os seus pontos, aspectos, talentos, competências, habilidades, recursos. repita-os três vezes, observe em quais você coloca mais ênfase, quais os mais invocados e responda à pergunta: para quê (com que finalidade) dou mais importância a esses que aos outros?

7 usufrua:

hora do aplauso, aproveite suas representações, suas descobertas, você (re)apresentado por/a você.

o descrito é apenas amostra. a conversa flui, siga o que for acontecendo, deixe participar o que emergir – a crítica, a sábia, a vagabunda, a intuição, o móvel, o sentimento, o caminho, o gesto, a lua, a sensação – e mesmo partes que parecem não ser, confie, elas são reveladoras.

ah! não gaste muito tempo em por que, porque, culpas e desculpas.

obrigado!

cuide

sinta seu corpo, agora passe a mão em você ... e repare com que qualidade você passou a mão em você. foi um toque sutil, firme, delicado, suave, grosseiro, desatento, intenso? ou?

faça outra vez, passe a mão em você agora,
"com as suas melhores mãos", para de fato sentir-se, tocar-se.

observe! esse é o toque que você tem para oferecer para os outros e para você, aproveite-o!

o conselho é:

preste atenção, pois
a resposta para o problema está no próprio problema.
basta observá-lo e atento aguardar, deixar que a solução se revele. funciona igual ao alimentar-se, o nosso organismo escolhe o que precisa e joga fora o excesso.

tomara que você receba "dicas" ao realizar o experimento.
aproveite as fantasias, sensações, pensamentos, recordações, associações que emergem enquanto realiza o trabalho, elas são pistas para e onde você pode prestar atenção.

explore, também o como você vem cuidando de você.

obrigado!

a árvore das lembranças

é bom estar aqui escrevendo para você que eu nem sei quem é, só sei que é uma maria ou um zé como eu e diferente de mim, alguém que é mais um e um único.

cada vez que inicio um trabalho, como este de escrever, sinto a alegria de poder oferecer algo e a angústia de não saber o quê, se conseguirei, se você vai gostar ou não, se vamos nos comunicar afetiva e efetivamente.

quero que este seja um experimento com espírito de festas, uma oportunidade de nos presentearmos, de celebrarmos nossos encontros e desencontros e nos colocarmos renascidos para o "ano novo"- curiosos, interessados, disponíveis – cientes de nossa potência para aprender e viver.

proponho **um jogo de lembranças** que consiste em recordar e anotar os momentos marcantes do ano em bilhetes de papel colorido, uma brincadeira de tomada de consciência, de resgate do nosso jeito de (re)viver nossas oportunidades e nossas relações.

eu dou instruções, você imagina e brinca à medida que lê, aceita?

você criará bilhetes coloridos de você para você mesmo, uma troca entre seus diferentes "eus" – do inovador para o conservador, do ambicioso para o acomodado, do romântico para o pragmático – os bilhetes serão os enfeites de uma árvore de natal imaginária, cada um de um jeito, com formas, cores, textos e temas variados e inspirados em **lembranças**

azuis; macias; ásperas; com cheiro de gasolina; úmidas de bosque; com força de asfalto; com luminosidade de amanhecer; do silêncio da madrugada; dos barulhos da casa vazia; do calor da rua cheia de desconhecidos; vermelhas de pôr de sol; de gratidões; brancas de susto; vibrantes de depois do amor; tristes de após almoço farto; verdes de ainda não maduras; de destrato; de abusos; com gosto de alegre amanhecer; com sabor amargo de dia seguinte; de dor de luto; de dentes travados de raiva; do choro preso nos olhos; das palavras benditas; das maldições; de mesmice; de amarelos girassóis; de suor salgado; de frio; de cheiros; de desgostos; de gastos; de contatos; de tratos; de fantasias; das intuições; dos saberes; **de você.**

a árvore para pendurá-los é **a que tiver a sua cara**, a que mais você acha que se parece com você hoje, agora. pode ser o tradicional pinheiro, um coqueiro, de papel, de plástico, de material reciclável, artificial, de pau, um desenho bi ou tri dimensional, apenas fios soltos, de inverno, de primavera.

escolha a sua e observe-a nos detalhes, cor, tamanho, forma, peso, textura, cheiro. ouse imaginar sem se importar se ela existe ou não, se é viável, se cabe aqui, ali. brinque com a sua fantasia, apenas deixe que ela, a sua árvore, apareça, se mostre.

imagine, invente do seu melhor jeito os bilhetes com as suas memórias.

árvore pronta, no faz de conta, pendure os bilhetes das lembranças, todos, do jeito que só você pode. dê um nome para sua árvore enfeitada. visualize-a. desfrute de sua obra.

observe como você está se sentindo – alegre, triste, sem graça, ridícula, enternecida, raivosa, crítica ácida, relaxada, contente, quente – seja como for é como você é, como se sente.

a árvore é um retrato, uma colagem de você e de seu jeito de ser. experimente completar **"eu como a minha árvore sou ...."**, simplesmente atribua a você as características, as qualidades da árvore e de suas lembranças.

faça e terá **um belo retrato desta criatura que só você é.**

obrigado!

ob**servo**

sentindos	atento	noto
apressado	não	percebo
observo		ovresbo
clareia	clareio	revelo
outro	outros	sentidos

você já reparou que medo, fantasia e antecipações andam juntos?

fazer contato e estar presente são ótimos para transformar o medo inimigo, aquele que nos apavora, em medo parceiro o que nos alerta, solidário, para o possível perigo.

obrigado!

sentidos sentidos

convidarei você a sentir, a perceber o sentido e os sentidos e a "passear" por você mesmo de vários jeitos em diferentes momentos. o passeio será feito aproveitando a atenção consciente, basta que observe o que se passa com você. atente às sensações, aos sentimentos, aos *insights*, às recordações, às fantasias, aos pensamentos, às criticas, às intuições e ao que mais aparecer enquanto você fizer e/ou imaginar o que estou sugerindo. acredite que basta acompanhar as instruções, pois sua sabedoria escolherá o que assimilar e o que jogar fora depois. aplique tempo, faça um por vez e bom proveito.

estranhe você, seu corpo

imagine,
você é de outro planeta

entre na fantasia, imagine

acabou de chegar
está passeando por aqui

visualize seu aqui

encarnando* um corpo humano
pela primeira vez

atente

ainda não sabe o que é sentir
nunca saboreou os seus sentidos

estranhe-se

quase tudo é novidade
você experimenta

você desconhece

* encarnar [do lat. incarnare.] 1. dar cor de carne a (imagens, estátuas ou outros objetos)... 6. teatr. cin. representar ou personificar (uma personagem, um papel)...7. espir. supostamente, incorporar-se uma entidade (4), seu psiquismo, sua gestualidade, seu espírito, etc. em (indivíduo em transe mediúnico); encarnar-se... 12. tornar-se em carne humana; fazer-se homem; humanizar-se, humanar-se...(*dicionário eletrônico houaiss da língua portuguesa*).

os nomes não importam
ouse, fique na sensação
dor? tensão? tesão?

aproveite
o que acontece
apenas sinta, observe

a intuição funcionará
a intuição funcionará
você saberá como (se) desfrutar.

releia e imagine
imagine e atente.

obrigado!

todos e nenhum

...conta o conto que o primeiro cego tateia o lado do **elefante** e diz que ele é como uma **parede**... o segundo toca a ponta de sua presa e convicto afirma que o elefante se assemelha a uma **espada**... o terceiro, pega a tromba que mexe e garante que ele se parece com uma **cobra...** o quarto envolve a perna do elefante com os braços e afirma que ele é tal qual uma **árvore**... o quinto nota a orelha e declara: ele é parecido com um **leque**... o sexto, agarra-lhe o rabo e diz que ele é idêntico a uma **corda**...

todos se põem então a discutir sobre quem tem razão...

todos e nenhum.

uma parte cada um captou e a todos escapou o todo.

e você como lida com as situações "elefante", aquelas em que você percebe uma parte, que não é a parte que o outro percebe, diferente dos outros?

o que tem sido mais frequente nas sua história: rejeitar, ignorar ou aceitar? calar, brigar, discutir?

recorde três situações em que você viveu momentos de rejeição, de indiferença e de aceitação, respectivamente. imagine o que aconteceria se você tivesse agido diferente em cada uma delas.

contar histórias, principalmente as nossas, inventando, conscientemente outros arranjos nos possibilita (re)significá-las, descobrir que foi a melhor solução lá, que agora pode ser diferente.

obrigado!

ria de você mesmo!

você já observou que você é muito mais do que você pensa que é, do que você imagina que sabe a seu respeito, do que conhece de si mesmo e que você é muito menos do que pretende ser, do que procura demonstrar ou gostaria que os outros achassem que você é?

observe se "na maioria das vezes" você acredita que você é tudo, que sem você a empresa, a sua família, o mundo, não andam, não sobrevivem ou que você não tem nenhuma importância, não faz a menor diferença tudo é igual com ou sem você, você é nada.

você fica muito envergonhada de não saber o que não aprendeu?

você se "enche de razão", vaidade e faz discursos nas conversas, demonstrando todo o seu "conhecimento", certa que aquilo que esta falando é a verdade, a única possibilidade e com certeza a melhor? e, com as melhores intenções, espera ser compreendida e vista como um ser humano (maravilhoso), que apenas deu sua opinião (proferiu e profetizou a verdade)? ou você é daquelas pessoas que fica calada pensando, pensando calada ("timidamente", "humildemente") que só você sabe o porquê, a melhor solução, os verdadeiros motivos?

você se dá conta que exagera? tanto faz se para mais ou para menos?

é muito engraçado, sejam quais forem as suas respostas elas merecem uma boa risada, um sorriso amoroso. não é engraçado esse absurdo de pretendermos saber o que ainda não aprendemos e também nos (a nós mesmos e aos outros) cobrar, criticar, culpar por isso?!

as outras perguntas também nos remetem a estes "encantamentos", "cristalizações", "automatismos" em apenas um ponto, o 8 ou 80, que nos impede de passear por muitas possibilidades, variados pontos que estão entre, acima, abaixo, dos lados das polaridades, e que são adequados a cada situação nova que vivemos.

fantasie ficar só no branco ou só no preto ou mesmo no branco e no preto e deixar de aproveitar todas as cores do arco íris, as que já conhecemos, aquelas que ainda estão se revelando e nós aprendendo a (re)conhecê-las.

imagine e (a)note como se sente e, se quiser ousar, ria de você mesmo, com toda a graça e cuidado que for capaz.

obrigado!

é! **assim** também **é possível!**

tem gente que usa a maquiagem para esconder os defeitos, outros usam para realçá-los, outros para se divertir, outros para expressar sua arte, alguns para buscar a beleza, muitos para se experimentar de jeitos diferentes e ainda, os que querem encontrar em si e nos outros outras caras, de faces e de queridas. imagino que você pensou em outros usos para a maquiagem, que bom, amplie a sua lista.

cada situação amplia nossas listas, nossos saberes, basta que saibamos acolher e dizer: **é! assim também é possível!**

conhecendo um número maior de alternativas tornamo-nos mais simples ao perceber que as possibilidades são infinitas, que nada se repete e que é cabível brincar, buscar soluções próprias para cada oportunidade e também compreender as ações dos outros como possíveis invenções humanas.

obrigado!

um pouco de tempo*

qual é o seu tempo predileto? você é mais, vive com mais frequência, no presente, no futuro ou no passado?

(se você responder "não tenho um predileto" é sinal que você já alcançou a iluminação o que não é o caso da maioria de nós mortais terráqueos, repare então, como você usa sua iluminação para nos compreender).

apenas observe e constate; se conseguir não faça julgamentos e se os fizer, aproveite-os também, atente na qualidade deles, se são acusativos, condescendentes, elogiosos, defensivos, pois a qualidade das nossas "coisas" revela o nosso jeito de lidar com o mundo.

o que nos acontece pode ser aproveitado a nosso favor, se quisermos e soubermos. note que somos treinados para viver como se as situações fossem se repetir e acontecer como já aconteceram no passado, como as planejamos para o futuro, como as imaginamos no presente e, quase, esquecemos que elas são sempre únicas, apenas a parte se repete e, se percebemos bem, são sempre surpreendentes na sua infinidade de combinações e configurações. observe que as novidades, as criações, são velhas "coisas" arranjadas de jeitos novos e lembre-se, agora, de uma situação que você tenha vivido e percebido algo parecido com:

o novo é o arranjo de partes velhas, bem tratadas.
o velho tratado, como se fosse a primeira vez, revela-se uma grande novidade.

* tempo s. m. 1 duração relativa das coisas que cria no ser humano a ideia de presente, passado e futuro: período contínuo e indefinido no qual os eventos se sucedem (*dicionário eletrônico houaiss da língua portuguesa*).

agora, recorde como você vive o detalhe, o próprio, o diferente, o inesperado das "coisas", das "situações", dos "sentimentos" que ocorrem a todo momento e, principalmente, o que está acontecendo agora. lembre qual é seu tempo predileto (futuro, presente, passado, todos) e se possível se pergunte:

para quê eu privilegio mais um do que o outro? desde quando? acolha a primeira resposta e espere um pouco que virão outras, aproveite-as como você quiser e souber, com o seu melhor jeito que é sempre o seu jeito de agora.

obrigado!

a força, as forças

a história diz que há muito tempo os humanos eram nômades, divididos em caçadores e coletores que apenas abatiam e recolhiam o que lá estava já disponível para ser consumido, sem nenhuma preocupação com o cultivar, formar, transformar, ter posse, nem mesmo com o amanhã.

tudo se oferecia para ser compartilhado e usufruído de imediato, para aquelas criaturas transportar o que quer que fosse era desconhecido, inimaginável. desfrutavam os imprevistos e improvisos do local sempre novo onde estavam, partiam quando algo não os agradava ou os ameaçava.

o grupo, a tribo, importava muito, cada um se ocupava em fazer o que a situação pedia. a vida, de fato, era sentida como iniciando a todo instante, a cada movimento e a força bruta garantia a sobrevivência.

o exercício da força bruta contribuiu para que descobrissem a possibilidade de se fixar, de sobreviver plantando, pastoreando e colhendo. cuidar dos animais "domésticos" e das hortas, proteger-se dos "selvagens" e das intempéries forçou-os ao conhecimento e reconhecimento dos ciclos climáticos; a observar os padrões repetitivos; a desenvolver o conceito e a noção de tempo e espaço; a estabelecer relações de "causa e efeito"; a perseverar; a aperfeiçoar e acumular objetos e saberes, que nos facilitariam o dia a dia; a acreditar na nossa capacidade e na nossa potência de conservar, destruir e criar. chegaram, chegamos a imaginar que até seria possível nos manter num mundo estável, previsível, controlado por nós mesmos.

caçadores e coletores que geraram guardiões, mantenedores, pastores, agricultores, construtores, artistas, inventores, cientistas, serviços, filosofia, religiões e estratégias de produção de quase tudo.

são muitas as ofertas, as novidades, os possíveis caminhos em todos os setores da nossa vida. desde a escolha de produtos até a opção religiosa somos convidados por uma quantidade de alternativas como nunca havíamos experimentado. convivemos com seres em todas as fases de desenvolvimento do humano, do "primitivo" ao "virtual", uns usufruindo os "avanços" do conhecimento e outros sofrendo a mais clara privação de recursos mínimos de sobrevivência.

convido você a, imediatamente, dar-se conta da aventura que é você, participar do momento histórico em que vive e a sentir onde e como você está agora nesta galáxia, no sistema solar, no planeta terra, (complete mentalmente o que falta no espaço em branco), no hemisfério............, no continente.............., no país chamado........, na cidade......., no bairro...... , na rua................, na casa............, "no seu corpo" com os comportamentos, as atitudes e crenças que fazem de você esse ser único que pertence a uma espécie plena de diversidades.

aproveite a tomada de consciência e saiba conscientemente que você fere e é ferido, toca e é tocado, interfere continuamente com seus gestos, pensamentos, sentimentos, simplesmente pelo fato de existir, querendo ou não, em tudo e em todos, com quem e com o que se relaciona direta e/ou indiretamente.

cada ação sua (nossa) colabora para que o todo – a rede, o sistema do qual fazemos parte que vai daqui até lá muito longe, do passado até o futuro – seja alterado. você contribui e não determina, não define.

a integração das contribuições vindas de nós, da natureza e do que mais existe, inicia, mantém e transforma as nossas vidas. não somos capazes de controlar e somos potentes para interferir "com" nós mesmos, "com" nossos semelhantes que são diversos e, ainda, no meio ambiente.

lá e então, aqui e agora também, usamos muito a força bruta. aqui e agora, lá e então também, somos capazes de identificar, reconhecer e empregar diferentes forças:

força da expressão, da violência, da influência, da abundância, a militar, do negócio, a sutil, a emocional, a racional, a embelezadora, a transformadora da fé, a curativa.

experimente, mentalmente ou escrevendo, nomear com quais forças você tem convivido, trabalhado, crescido e quais as que você conhece, prefere e com talento e satisfação interfere com mais frequência.

obrigado!

eu como você sou

apreciar nossos traços semelhantes aos dos nossos semelhantes, nossas identificações e o que nos diferencia pode ser um jeito de (re)afirmar e desfrutar o original da nossa espécie, ganhar a consciência que, aparentemente distinto dos outros animais deste reino, também somos fecundados pelos de outra natureza, os estrangeiros, os diversos.

quem são as pessoas, da sua família ou não, com quem você mais se parece?

entre seus conhecidos e familiares, próximos ou distantes, com quais você não se parece em nada?

agora, sem discutir, inverta. olhe para os que você se considera parecido e enfatize as diferenças entre vocês. repare nos que você classificou como "não nos parecemos em nada" e busque as semelhanças.

eu como você não sou

obrigado!

adversário não é inimigo

é parceiro

não é para destruir

é para vencer

releia o escrito acima e observe como você (re)age.

além do concordar ou discordar o que mais o texto provoca em você?

quem são seus atuais adversários? anote seus nomes.

como você os tem tratado? anote seus gestos, razões e sentimentos

há alguma chance de aproveitar mais e melhor o que eles inspiram em você?

obrigado!

ria de você mesmo! mais!

é uma delícia quando somos capazes de perceber nosso avesso,

asneira, basbaquice, bestice, bobagem, bobeira, burrice, cabeçada, desacerto, desatino, desentendimento, disparate, engano, erro, escorregadela, estupidez, falha, inépcia, lapso, tolice, cochilo, mancada, incorreção, inexatidão, fraude, ilusão, logro, mentira, vício

nossa ignorância, principalmente a respeito de nós mesmos e também de que somos capazes, depois da surpresa, às vezes do susto inicial, de rir de nós.

o riso de graça, dádiva, de revelação, acompanhado de ternura e compaixão.

o mesmo riso que nos acomete quando a criança querida, que na expectativa de ganhar o presente que lhe foi prometido ontem para amanhã, nos pergunta: hoje já é amanhã? aquele meninote querendo participar da conversa dos mais velhos, muito sério diz: onde é a fábrica de marmelo? a criança aprendendo a falar e que em vez de dizer pluto diz puto. ou ainda a alegre expressão da senhora experiente, numa situação de grande embaraço para todos, ao sabiamente assegurar: não tem importância!

lembre-se de alguns vexames, erros, bobagens que você falou ou fez nos últimos dias, meses, alguns anos atrás.

lembrou?

recorde os detalhes, os sentimentos, onde e com quem você estava.

agora, com a sabedoria e a arte da pessoa que você é hoje sorria, ria, gargalhe.

ria de você, para você, com você, por você com ternura e compaixão.

ah! se você conseguiu rir gostoso e quiser rir mais, experimente contar para uma pessoa querida (ou mesmo uma desconhecida) esta experiência e, com certeza, irão rir juntas, deliciosamente.

obrigado!

do jeito que só você é quando você é do seu jeito

frequentemente você percebe as "coisas" e fica "bem" se elas correspondem as suas expectativas, você até diz que elas são boas ou más, bonitas ou feias, certas ou erradas, não importa, **elas são como você imagina**, você está no seu universo conhecido, inclusive quando elas se apresentam pelo oposto, você ainda está no controle da situação.

o mundo, a vida está bem se é parecida, semelhante ao que você já aprendeu, se é como aquilo que você sabe desde criança, muitas vezes você até diz: essa foi minha educação; lá em casa é assim; eu sempre fiz assim e eu nunca gostei. você está usufruindo o já sabido, está se repetindo e tratando a si mesma como uma obra acabada. é um jeito possível também.

e de repente surge o novo, algo que você "não tem registro", aquilo que você não aprendeu, nem viveu, que você ignora. você não é nem capaz de reduzir ao já conhecido, aí sim você se sente incomodada, perplexa.

óbvio que você reage. de um jeito ou de outro, você busca uma solução para sair do desconforto, uma maneira para resolver ou livrar-se do inesperado problema, desta vivência dissonante.

experimente lembrar-se de situações da sua vida em que você se sentiu assim com algo, alguém diferente, que não correspondeu as suas expectativas e você ficou embaraçada, desconsertada. recorde-se de como você reagiu.

indo um pouco mais fundo, dê-se conta de como você lida com aquilo que você não gosta e/ou não entende nas pessoas ou coisas com as quais convive. você faz de conta que não existe? tenta mudar o outro ou você? faz piadas? é sempre muito compreensiva? é intolerante? critica? fofoca a respeito?

não fuja agora, encontre a sua resposta! experimente! você apenas vai saborear um pouco mais do seu jeito de ser e com isso tornar-se uma pessoa mais do jeito que só você é quando você é do seu jeito.

Obrigado!

além das tríades

	criar	conservar	destruir
	iniciar	preservar	finalizar

o que cada uma destas tríades lhe inspira? você associa, lembra de algo?

cada uma das nossas ações exige e completa a outra. crio, conservo e destruo colocado sequencialmente parece óbvio. lembrar que elas acontecem simultâneas e continuamente é o que habitualmente não fazemos. pensamos separando, supondo que quando faço uma coisa evito seus complementares. se crio não destruo, se destruo não conservo. você já reparou no esculpir? o artista cria, conserva e destrói, a forma que o material que está usando tem para concluir sua obra.

– o que importa é criar, o resto acontece na sequência, diz o criador.
– conserve o que tem senão ficará na insegurança sempre, fala o conservador.
– finalize, para poder ficar em paz, arremata o destruidor.

qual das afirmações acima é mais frequente na suas conversas e nos seus pensares? você usualmente é mais um iniciador ou um finalizador ou um preservador? responda agora.

assim como nos três mosqueteiros, uma quarta possibilidade surge:

– quando cada um faz a sua parte a "obra", a vida segue bem, diz o quarto elemento, o integrador.

nascer, viver e morrer, também se encaixa nesta "lógica". é sequencial e simultâneo. no dia a dia, contínua e simultaneamente estamos nascendo, vivendo e morrendo. ressuscitar é mais raro, diria o poeta.

ressuscitar é a chance que vai além da tríade – nascer e viver e morrer – e também é a integração delas. restituir à vida; fazer voltar à lembrança; voltar a aparecer; curar-se de doença grave; reanimar; restaurar; restabelecer; ressurgir é ressuscitar.

ressuscite, acorde com e para o momento, desperte, aproveite o instante entre outros tantos e celebre o eterno começo, meio e fim da vida. desfrute com vigor o particular de cada ocasião, saboreie o comum e o único de cada ação e de cada um. ressuscite, atualize os seus sonhos, os seus projetos e as suas promessas com esperança.

arquive as frustrações, os ressentimentos, as tristes experiências na memória junto com as vitórias, realizações e amores, pois lá é o lugar do passado;

se você ou alguém precisar de confirmação, lembrar que é possível (sobre)viver (a)os maiores (in)sucessos, (des)amores, (des)temores acredite que você, atento, os presenteará com o que então serão preciosas, interessantes lembranças.

o que as sugestões dos dois últimos parágrafos provocam em você?

experimente acordado responder e aproveite o que achar.

obrigado!

impossível! impossível?

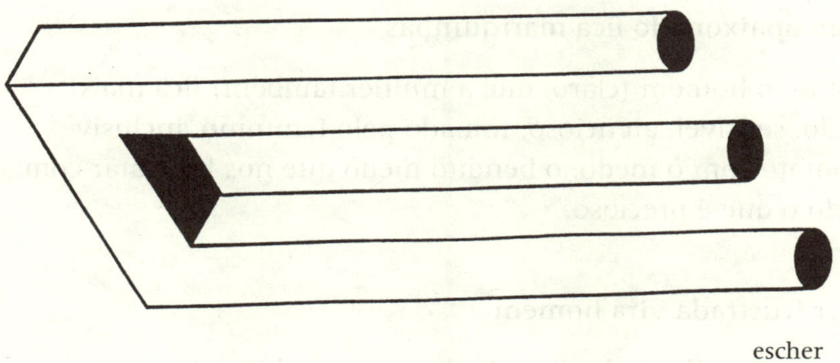

escher

o que acontece com você ao ver e enxergar essa figura?
anote e repare se percebe esse mesmo comportamento em outras situações.

perturba	intriga	desorienta
tento	nego	rejeito
errado	diferente	original
impossível	inviável	desagradável
aqui	cortando	ali
fica	como	deveria ser
refazendo	como	foi feito
ah!	posso	compreender
como	é	aceitar

obrigado!

gênero

homem apaixonado fica mariquinhas

é mesmo, o homem (claro, que a mulher também) fica mais delicado, sensível, atencioso, tomado pelo feminino, inclusive em contato com o medo, o bendito medo que nos faz tratar com cuidado o que é precioso.

mulher frustrada vira homem

é mesmo, a mulher (claro, que o homem também) fica mais grosseira, objetiva, dura, tomada pelo masculino, inclusive em contato com a agressão, a bendita agressão, que nos faz transformar com precisão o que é precioso.

note como você reage ao ler as afirmações acima.

procure brincar com suas certezas, ouse colocá-las em dúvida, só de farra. só para ver o que você descobre.

ah! lembre, agora, de três certezas suas e duvide delas. experimente.

obrigado!

sai e entra

não encontro saída!

muda muito quando, em vez de buscarmos motivos, razões, justificativas para sair de algum lugar ou situação, colocamos nossa atenção em atualizar quais são nossas necessidades e interesses, clarear qual nosso alvo atual. fugir do que nos desagrada é uma solução, outra é ir em direção ao que nos atrai, geralmente mais econômica e prazerosa que a primeira.

atualize-se.

foque, agora, em seus interesses e necessidades mais atuais, os que são realmente importantes no momento que você está vivendo.

dê nome a cada um deles .

coloque-os em ordem de prioridade.

escolha qual ou quais (poucos) você vai efetivamente dar atenção – entrar e ir em direção ao seu alvo – e se dê prazo para realizar o que lhe fará bem.

cadê a entrada?

obrigado!

papel

no show da vida nem sempre escolho os papéis.
escolho, sim, como representá-los!

várias vezes duvidamos, questionamos um ou outro papel que estamos desenvolvendo; em muitas ocasiões parece que não optamos, caiu em nossas mãos, foi-nos imposto. ninguém nos perguntou se queríamos ou não. e por n motivos e necessidades obrigamo-nos a mantê-lo. o papel temos de representar, sobra-nos a possibilidade de, conscientemente, optar como, de que modo, com quais habilidades, interesse e "garra" vamos vivê-lo e nisso somos livres.

faça uma lista com os vários papéis que você desempenha hoje, lembre-se daqueles em que você é brilhante, dos que merece prêmios e dos que você nem assume, dos que você despreza, dos que você pouco se ocupa. liste todos, eles são importantes.

escolha um deles, segundo qualquer critério que você considere bom. avalie

se você está aproveitando integralmente seu talento para vivê-lo. imagine

como seria sua vida sem ele. afirme que ele é fundamental para sua felicidade.

observe o que emerge na sua consciência.

obrigado!

absurdo

é	é	é
é	não é	será
é	não é	foi

você já notou que ao falarmos que algo é assim ou assado, querendo dizer (e até acreditando) que sempre foi e sempre será, perdemos de vista a possibilidade de (re)organização e também a esperança?

esperança é o sentimento de quem aguarda a realização de algo que crê ser possível e é também uma designação comum aos gafanhotos, por serem verdes.

foi	não é	é
será	não é	é
é	é	é

obrigado!

quem aprende não prende, assimila

gosto de pensar que aprendemos quando absorvemos algo, quando o incorporamos como parte integrante nossa, suportamos ser modificados e modificarmos nós, o(s) outro(s) e o meio nesse processo e, tal qual acontece com o alimento, expulsamos o que é excesso. o todo, do qual somos parte, (re)configura-se.

escuro esconde

claro demais também

em que ocasiões você se dá conta de que é parte de um todo?

só, acompanhado, trabalhando, viajando, vadiando, estudando, rezando?

faça uma lista das que você recordar e escreva ou converse com alguém a respeito.

obrigado!

foque e diferencie

os sentidos, como você os usa, observe **agora.**
teste como estão os seus sentidos,
eles são os seus canais de contato com tudo e com todos.

olhe e enxergue,
repare se você vê mesmo:
cores, formas, volumes, claros, escuros, brilhos, profundidade...
é para olhar e ver.

ouça e escute:
perceba os sons, vozes, ruídos...
ouse repeti-los, sem nomeá-los, apenas emita os sons,
os que você está escutando e ouvindo.

cheire e fareje:
busque os odores, as fragrâncias...
que estão ao seu redor, só olfato,
não se preocupe com mais nada, nem em saber de onde vêm.

prove e saboreie:
o gosto é seu foco de atenção...
doce, azedo, salgado, amargo, picante, ácido...
só deguste, mesmo que seja sua saliva.

tateie e apalpe:
use seu tato, toque no que estiver a seu alcance,
(re)conheça o mole, o áspero, o quente, o seco...
apenas toque "com-tato".

sentidos,
outra vez, um de cada vez,
consinta, com tempo
sentidos.

obrigado!

frequentemente

é frequente – ao explicar o que estamos vivendo, sentindo – buscar teorias e reduzir a velhos conceitos o que é absolutamente original e um privilégio daquele momento, de nós. forçamos relações de causa e efeito, baseadas no que nos é mais familiar no momento – às vezes questões macroeconômicas ou a conjunção dos astros ou o trauma de nascimento – inadvertidamente tratamos o original, como se fosse coisa feita em série e sob o nosso controle. parece que nos é insuportável aceitar que os fenômenos e as situações que vivemos são consequências de n – quantidade indefinida – variáveis.

lembre de um episódio pessoal que você não consegue explicar, que continua incompreensível.

escreva, ou conte para alguém, tal qual você o tem tratado.

depois de fazer o registro – por escrito ou testemunha – (re) lembre e apenas descreva o que e como ocorreu. seja rigoroso na narração, atenha-se exclusivamente ao vivido, fatos e afetos.

se e quando aparecerem explicações – por quê?, porque isso, porque aquilo! – anote-as em papel separado (mesmo que você esteja relatando para alguém).

por último, anote o que mais chamou sua atenção.

ao nos atermos à rigorosa descrição do fenômeno vivido – ao o que e ao como, os fatos se apresentam, incluindo nossas vivências – as compreendemos, elas ganham sentido, surpreendemo-nos por suas múltiplas faces, mais que os opostos ou os "dois lados da moeda"; fazemos contato com outros aspectos além dos que previmos e pretendíamos controlar; temos consciência da abundância de variáveis de cada fenômeno e, também, que somos potentes para vivê-los, muito mais do que imaginávamos.

obrigado!

pequenos grandes vícios e danos

os chamados grandes vícios geralmente são públicos e são tratados como merecem e/ou como suportam suas vítimas. sugiro que você faça uma lista dos seus vícios "pequenos", as suas atitudes e comportamentos de evitação, os automatismos, que roubam a sua graça no dia a dia, enfraquecem a sua criatividade, mantêm você prisioneira, iludida com a promessa do prazer imediato, rápido, barato, intenso, inconsequente e sem dor que você nunca alcança, o que você consegue é furtar seu prazer sincero.

– digo que não vou/sou/quero e me pego lá, já fui.

– contrafeita é o que é e como me sinto.

– triste, sem graça reconheço que sou dominada.

– lá não pareço comigo.

– tenho medo/vergonha/preguiça de pedir ajuda.

as falas acima aparecem quando estamos dominados, estereotipados muito além do hábito e da mania. revelam que nos sentimos: embaraçados, constrangidos, sem jeito, agindo contra nossa vontade, forçados, coagidos, solitários.

o simples nomear o vício pequeno ou grande, (re)conhecer suas características e autenticar que e como ele nos atinge é um importante passo para nos libertar, aceitar ajuda e nos fortalecer contra esse que nos ocupa.

repetindo o já dito: os vícios, como a chantagem, parecem muito fortes, nos extorquem enquanto os mantemos em segredo, escondidos e quando os revelamos, compartilhamos com outras pessoas, principalmente com aquelas que têm coragem de admitir que também os sofrem, descobrimos que são apenas vampiros, sonhos maltratados que não suportam luz, autenticidade e solidariedade.

obrigado!

observe e mexa você

leia, se possível faça e deixe acontecer.
jogue sua atenção no corpo que você é, apenas observe.
imagine que você está no seu lugar predileto, à vontade.

sem roupa.
você, sem esforço levanta as pernas, os braços.
imagine e sinta o que passa, observe.

sem julgar ou pensar a respeito "pare a cabeça" e/ou registre os seus julgamentos, "jogos mentais" e *insights* também.

repare nos seus pés, nas suas pernas, nas suas mãos, nas suas costas, no seu peito, nas laterais do seu corpo, no pescoço, na cabeça, na sua temperatura, na pele, sinta o que está encostado nela.

agite-se para os lados.
suavemente se balance e consiga um movimento harmônico.
abra-se bem e experimente o ar tocando você.

perceba se você fica sem graça e/ou fazendo críticas e/ou com medo do ridículo e/ou...
brinque um pouco mais, deixe-se levar pela fantasia e apenas tome ciência.

ria, ria um pouco de você mesmo, com carinho.
você é.
só se dê conta e não tire conclusões.

(re)inicie e faça num ritmo diferente do que você já fez.

obrigado!

obrigado!

agradeci depois de cada proposta pela alegria de tê-la feito e por pretender que você saiba que ao considerar, simplesmente ler, o que escrevi você já está permitindo que o toque, que a rede da qual somos parte, tenha mais um elo (re)compartilhado.

experimente, você também, agradecer por coisas que habitualmente não se agradece e se surpreenderá.

algumas coisas, pessoas e situações ditas indiferentes, outras chamadas desagradáveis ou inaceitáveis ou incompreensíveis ganham sentido, compreendemos a importância delas em nós, no todo, após um simples e autêntico obrigado.

obrigado!

um é
de um jeito

outro é
do outro jeito

sem jeito é
quem quer ser o que não é

agradecimentos

graças ao generoso convite de juan jesús escrevi, pelo menos um artigo por mês entre 2003 e 2008, para a revista *spiritu de superación** e como lá e aqui tenho a mesma expectativa – fazer algo que instigue o conhecer a si e ao outro – (re)editei os textos.

matilde, minha mulher, desde sempre é a primeira provadora, atenta e precisa.
vera cristina, mauro e márcia, colegas de consultório, cobaias de primeiras leituras, fomentadores da viabilidade e utilidade da publicação como livro.
keila, cuidadosa, leu o material original, avaliou e sugeriu jeitos de publicá-lo.
cássia, a que além de traduzir para o espanhol faz perguntas e provoca acertos.
bruna, a parceira mais nova, pacientemente como só filha é capaz, cúmplice, corrige e inspira.
vera, goretti, tania, sandro, magda, dony, mônica, verônika cada um com seu jeito contribuiu para que os escritos fossem publicados.
ieda, paulo, guto, sérgio, alfredo, maria inês, lúcia os artífices, amigos e parceiros de primeiras conversas e causos férteis.
meus psicoterapeutas que me ajudam a me (re)construir.
meus clientes e alunos, pessoas com quem tive e tenho o privilégio de trabalhar nossas aspirações.
os gestalt-terapeutas companheiros de prática e buscas.
guido, para quem escrevo, meu leitor almejado.

* *spiritu de superación* é publicada em avilés e distribuída por toda espanha, pelo grupo impulso empresarial – GIE –, voltada para o setor de imagem pessoal. juan jesús castellano é o editor e diretor do GIE.

maria matilde fenocchi guedes; vera cristina stracieri; mauro figueiroa; marcia mesquita cirello; keila macario pavani; cássia eliete dos santos; bruna fenocchi guedes campos; vera esteves waendendries; goretti bunn zomer; tania cristina zotto; magda furtado de queiroz; dony zanuso; monica guttmann; verônika simic; ieda porchat; paulo barros (em memória); joão augusto pompeia; sergio tonello; alfredo naffat; maria inês guida; lucia pompeia; guido fenocchi guedes.

obrigado!

acorde

Equipe de realização

Direção: J. Guinsburg
Edição de texto: Iracema A. Oliveira
Capa e projeto gráfico: Sergio Kon
Produção: Ricardo W. Neves, Sergio Kon e Raquel Fernandes Abranches

EDITORA PERSPECTIVA S.A.

Av. Brigadeiro Luís Antônio, 3025
01401-000 São Paulo SP Brasil
telefax: (11) 3885-8388
www.editoraperspectiva.com.br

2009

abel guedes

acorde

conversas & pontos de vista

estratégias e reflexões
para atualizar habilidades
de relacionamento
em tempo de inovações

sumário

acorde conversas & pontos de vista

apresentação [ieda porchat], 7
satisfação, 11

+ 01 entes e artes, 13
+ 02 conversas & pontos de vista, 15
+ 03 acorde, acorde, acorde, 17
+ 04 prosear, 19
+ 05 traição, traísãovelhospactos, 21
+ 06 cadê eu?, 23
+ 07 palavras (bem)ditas e ouvidas, 24
+ 08 confidência, 26
+ 09 não se paga nem se apaga,27
+ 10 pode ser, 31
+ 11 mim eu eu mim, 35
+ 12 conselhos cuidados, 38
+ 13 eu, sempre eu!?, 39
+ 14 amedronte, 41
+ 15 *se toque se*, 43
+ 16 aborrecer(-se), 44
+ 17 **deprima**, 48
+ 18 ponto de vista de ponto, 52

+ 19 o presente (des)cuidado, 53
+ 20 atenção, por favor, atenção,55
+ 21 nutritivas ou indiferentes ou tóxicas, 57
+ 22 adversário não é inimigo, 58
+ 23 inimigas e parceiras frustração e expectativa, 61
+ 24 receita de diversidade, 63
+ 25 além dos pólos tríades, 65
+ 26 nem mais e nem menos, tampouco mais ou menos, 67
+ 27 (i)mensurável, 68
+ 28 hora e lugar, 70
+ 29 às vezes, nós e "as coisas", 71
+ 30 ab**surdo**, 74
+ 31 incluir, 75
+ 32 posições, 76
+ 33 contínuo, 78
+ 34 vícios e danos, 80
+ 35 obrigado!, 83
+ 36 sei, 85

apresentação

ieda porchat
psicóloga, psicoterapeuta.

"A menos que surja uma 'emergência', vovó, eu vou ao concerto com você".

Essa resposta de minha neta de treze anos ao meu convite para irmos assistir a *O Lago dos Cisnes* na sala São Paulo, pela Òsesp, me fez pensar que eu deveria ter dito a mesma coisa ao Abel, quando ele me fez o convite para apresentar seu livro. Pois bem, não disse e, sem "emergências" para desculpa, me vejo às voltas com o "dizer" sobre o que já está tão bem dito.

Aliás, a vontade seria a de dizer "nada há a acrescentar", porém penso que meu amigo-irmão de tão longo tempo não ficaria muito satisfeito. Como há uma expectativa de sua parte, vou tentar cumpri-la, ainda que apenas um pouquinho.

Declaro, de início, que não falarei do embasamento teórico--terapêutico que se percebe ao longo de todos os textos. E tampouco sobre o interessante método que é utilizado pelo autor para ir discorrendo sobre o que ele quer que ouçamos, muitas vezes com grande ênfase. De tal modo que, nem tapando os ouvidos, o leitor consegue não ouvir, tal é a sua pregnância, o fundamental do que Abel quer nos transmitir. Falarei, sim, sobre o que me parece mais precioso em seus textos: as realidades psíquicas que vivenciamos no trato conosco, com os outros, e na diversidade das experiências sensoriais, emocionais e afetivas pelas quais passamos.

Abel fala basicamente sobre o que me parece ser, nele próprio, o essencial do viver ou da vida. Ou seja: relacionamentos, suas complexidades, relacionar-se consigo mesmo e com o outro, desafios, dificuldades, perplexidades. E, no que apresenta na outra parte do livro como "exercícios", sugere modos, maneiras,

jeitos, de elaborá-los, de dar-lhes significado, de – quem sabe até mesmo? – resolvê-los.

É uma arte, exige talento e esforço relacionar-nos com um ser que é uno, mas que, no entanto, somente pode ser alcançado através de suas díspares e diferentes partes. Juntar todas essas partes e com elas elaborar um diálogo que se aproxime de um harmonioso e possível convívio.

Abel fala-nos, em primeiro lugar, da mudança contínua e inevitável que é o viver e acentua que essa mudança se origina de nossas escolhas. Propõe que brinquemos de "fazer de conta" e afirma que esse jogo tão rico e tão explorativo é, na verdade, uma ponte para o possível e o impossível de nós mesmos. É esse espírito lúdico que ameniza – e muito – essa difícil tarefa que é a de conhecer-se, crescer, amadurecer. A meu ver, essa é a finalidade essencial de sua proposta.

Crer, reconhecer-se, amadurecer para Abel parece ser, essencialmente, uma *experiência* desorganizadora do cotidiano, do trivial, do que se julga saber, da forma como costumeiramente percebemos as coisas, as pessoas, o mundo, enfim. Bonito, Abel! Usar o que desorganiza, o que desestrutura e muitas vezes nos aproxima do caos, para criar novas ordenações ou harmonias.

O que desorganiza, mas que refaz e recria novos significados, somente é possível na dimensão da intimidade. Intimidade conosco, com o outro. Das coisas mais difíceis, não, Abel? No texto "traição, traísãovelhospactos", você descreve tão bem o quanto nos custa permiti-la. Revelar-se a si e ao outro. Coisas íntimas, coisas do cerne da carne e da alma que, muitas vezes quando expostas, revelam e curam feridas. Mas, antes, cortam, retalham, recortam o fio existencial que sustentava o que julgávamos ser a nossa realidade. E isso dói.

A terapia surge como um possível caminho para a intimidade. A terapia que não nos dá alternativa, senão a de passar pela dor da verdade. A terapia que, mostrando a dor de ser, nos possibilita

também a transformação, o prazer de poder ser de um outro jeito, de um outro modo. A terapia que nos mostra o benefício dos contrários, dos opostos, de sermos duais, divididos. A necessidade de não querer destruir essas oposições, mas de fazer delas construções.

Abel também fala do valor de viver no presente, de saborear o que nos é possível, de descartar o "como era" e o "como será". Nesse presente está embutida a ideia de que a vida é a não-promessa, a não-garantia. É a indeterminação que vai progressivamente delineando seus contornos. Nada *a priori*, tudo se fazendo nos momentos do percurso do viver. Frustração é o não aceitar o inesperado do viver.

Haveria ainda muito a dizer sobre o que me tocou nos textos de Abel. Eles são muito ricos em ideias, em imagens, em propostas. Ao lê-los, senti que tudo vem de suas vivências, acho que realmente você viveu, não apenas passou pela vida. Todo o meu carinho para você.

satisfação

ao (re)editar os textos para publicá-los em livro, como um conjunto de partes independentes, fiz algumas escolhas que quero explicitar para você que lê.

optei por:

- fazer de todo o livro um experimento, composto de diferentes experimentos.
- prosear de modo a facilitar, instigar, que você atente e reflita, não bote para dentro o que está escrito só porque está escrito, tenha chance de "mastigar, sentir o gosto e escolher o quê engolir e o quê cuspir".
- mantê-lo como coautor consciente em todos os momentos, pois, acredito que o que faz diferença é o quê e o como você trata o que percebe.
- aproveitar jogos verbais de forma a complicar o seu jeito convencional de funcionar, forçar você a sair do automático, do habitual. escolhi não pôr letras maiúsculas. acredito que as convenções são importantes e necessárias no nosso conviver, assim como checá-las de tempos em tempos e atualizá-las.
- não fazer referência a autores e/ou obras, ficar no mais coloquial, como fazemos nas nossas prosas com os íntimos, damos nosso ponto de vista, sabendo que ele é um entre muitos outros.
- esperar que você faça bom uso, experimente e, se quiser, me conte abelguedes@agconsultores.com.br.

obrigado, abel

entes e artes

difer**entes** partes
mesma figura

mesmas partes
diferentes figuras

engano é tomar
a parte pelo todo

o todo é diferente
da soma de sua p**artes**

conversas & pontos de vista

escrevo para brincar com você, a pessoa que você é, e provocá-la com comentários e sugestões de "coisas e saberes" do nosso dia a dia, espero que as considere e atente se fazem, ou não, sentido para você.

são variados temas que, pretendo, inspirem você a praticar o "ah! pode ser assim, também!", o dar-se conta e, especialmente, lembrar que estamos continuamente nos (re)configurando e contribuindo para a (re)organização do todo. a mudança é contínua e inevitável, atualizarmo-nos e nos (re)apresentarmos constante e deliberadamente é uma escolha.

a pessoa, mulher ou homem, qualquer um de nós é a protagonista dos casos e escritos que imaginei para expressar alguns sentimentos, atitudes e histórias que nas suas partes nos são comuns, os fatos e os afetos são autênticos e as pessoas aqui referidas nunca existiram. se você, homem, preferir, inverta mentalmente, passe o que está escrito no feminino para o masculino e, se quiser ousar, deixe que a sua alma se (re)conheça e, deliciada com a atenção, cuide do seu ser.

sugiro que você leia com a postura de quem chegou depois na conversa e, sem interromper, ouve histórias alheias que também podem ser dos seus e suas ou, propositalmente, interprete do seu jeito e se dê conta de qual é ele. identifique-se naquilo que for comum e conhecido e trate a novidade com distinção, com a mesma cerimônia que usamos ao ser apresentados a alguém, ao estranho.

as sugestões que fizerem sentido, acredite, você irá explorá-las do seu jeito, saboreá-las e, sem nenhum esforço, percebê-las assimiladas e se revelando no seu cotidiano; as que não tocarem você, deixe-as no fundo, sem cerimônia, você se recordará delas se e quando houver uma emergência.

conversas e pontos de vista são oportunidades para você refletir e do outro lado, em **experimentos,** estão propostas para você experimentar você, chances de surpreender você. você poderá ler e depois buscar os experimentos, vice-versa ou aproveitá-los em outras combinações que preferir.

bom proveito e obrigado!

acorde acorde acorde

gosto muito quando encontro palavras, assim como obras de arte que instigam vários sentidos, seus significados variam, alterando-se de acordo com o nosso sentir naquele momento e com o lugar onde nos encontramos. algumas pessoas também nos sugerem essa maravilha, as percebemos de muitos modos, de acordo com a situação e do jeito que as olhamos, é uma experiência desorganizadora que possibilita o nosso (re)conhecimento e atualização

umas pessoas acreditam que são sempre iguais e que já sabem tanto de si mesmas a ponto de corrigir outras quando elas dizem como as percebem:

outras: você é (me parece) uma **xyz**!
umas: não! você não reparou que eu blá, blá, blá... uma enorme e competitiva lista de razões, motivos, fatos, afetos, enfim provas que outra está errada, que o que ela percebeu, a sua versão não é boa e nem possível.

algumas outras aproveitam a oportunidade para (re)conhecer, lembrar uma distinta versão de si mesmas. as obras ganham o sobrenome de arte exatamente quando inspiram; inspiram: múltiplos sentimentos, diferentes leituras, variados arranjos, configurações que transitam nos muitos tempos e ambientes, revelações.

acorde, para mim, é uma destas palavras com sentidos bons de brincar.

observe. recorde, se possível anote agora o que **acorde** sugere a você.

é! as inspirações exigem atenção, disponibilidade e cuidado para que nos fecundem. elas requerem que nos deixemos tocar seja lá onde e como for, atentos aos preconceitos, regras, limitações e possibilidades. não é preciso ter receio e se ele aparecer acolha-o, assegurando-lhe que a dor da novidade (da aprendizagem também) é suportável e até poderá ser nutritiva, se for bem recebida e (re)tratada.

prosear

vivemos conversando – **com**versando –, proseando, inclusive com nós mesmos, em monólogos, diálogos, colóquios, discursos, testemunhos e frequentemente é uma experiência (re)organizadora que possibilita nos identificarmos, nos diferenciarmos e (re)significarmos o sentido da vivência **"lá e então"**, através da lembrança e da expressão dela **"aqui e agora"**.

alguns especialistas recomendam a meditação como meio para acabar com o barulho mental, as muitas conversas sem fim que ocupam as nossas cabeças, outros sugerem a expressão delas, de forma exagerada, dramática, para ser devidamente (re) conhecidas e assimiladas. conversando a gente compreende nós e as coisas, o simples diz.

o desabafo é um jeito de (re)vivermos os bons encontros, os impedimentos, os embaraços, as vergonhas, os prazeres e também aquilo que foi calado ou ficou inacabado. abrir-se gera liberdade, desobstrução, alívio e compaixão tanto em quem generosamente se despe, presenteia a si e a nós com a revelação, como naquele que acolhe e amorosamente testemunha a expressão da intimidade.

a prosa é também um jeito de, informalmente, sem o "rigor cientifico", expormos pontos de vista.

ao ler colóquios, que podem ser entre pessoas ou entre "eus" e sempre são entre nós; que são compostos com pedaços que nos são comuns, escolhidos aqui e ali, vale observar como fomos mexidos. a simples tomada de consciência de o quê e como sentimos, pensamos e agimos costuma ser consideravelmente (re)organizadora.

traição, traísãovelhospactos

– … já que você tanto insiste… é verdade !
fúria, desconcerto, impotência… contraditório alívio… aconteceu!
o que estava confuso, parado, esquisito, sem graça, fora do
lugar revela-se, os fragmentos de memória vão se encaixando,
tornando presente o que eu já sabia – o gosto estava na boca – e eu
não conseguia ou não podia ou não queria dar os nomes.
tudo clareando com bom contorno, forma e sentido, tão claro que
ofusca, dói, humilha, ofende.
o arranjo inesperado das partes revela uma configuração
impossível de controlar e de prever. obriga-me a resgatar sei lá o
quê, a encarar as velhas desculpas de jeitos novos, a ir ao limite,
exibir, deixar aparecer o que escondi, neguei.
mostrar o que faço (fazemos?) "por baixo dos panos",
o que evito em nome disso e daquilo.
expectativas frustradas, promessas não cumpridas, mágoas,
ressentimentos, rancores, situações inacabadas, desamores,
descuidos, adiamentos, sonhos, o que disse, deixei, deixamos de
dizer, sentir, fazer estão gritando à flor da pele.
o estagnado, o quase sem movimento como estávamos explode,
os dados rolam num jogo sem fim.
o que justificávamos: – "é assim mesmo !", – "são essas as regras!"
posso, agora, recolocar de mil maneiras, o certo desapareceu,
ocupando seu lugar o possível. o futuro cheio de certezas,
promessas, um quadro já preenchido volta a ser, ou melhor,
mostra-se, ou melhor ainda, é e eu o percebo como ele é:
uma tela em branco, espaço aberto, incógnito.
aterrador no primeiro momento, excitante a seguir, resgato a
esperança, a possibilidade de desejar, querer, caminhar, trabalhar,
viver, realizar o que quero, arriscar-me, ir à luta.

olho – inteira, curiosa, de verdade querendo saber – percebo,
sinto e não mais só revejo e explico.
posso agora, sou capaz de suportar a dor, com os sentidos alertas,
livro-me do sofrimento, ressinto a minha história com interesse e
compreensão.
aproveito o sentir-me velha para ser avó de mim, cúmplice,
tolerante, sábia.
reencontro a vontade de conhecer amorosamente; a atenção
desinteressada; a fluidez de quem não sabe e quer aprender.
disponível para o não, para o sim, para o inesperado; para
comprometer-me; para ser o que nunca fui e sempre serei;
para descobrir-me e, também, para "**com**trariar", "**com**fiar",
"**com**bater", "**com**tratar", "**com**cordar", "**com**versar", ...
(co)responsável brinco e aceito que agora também sou capaz de
trair a mim mesma.

cadê eu?

– foi a maior bandeira, logo na primeira sessão quando eu respondi perguntando: afetos? o papo foi mais ou menos assim:

– o que é... o que são afetos? o que você quer dizer com isso?

– que pergunta boa... afetos, sentimentos, emoções, o que você sente...

– ah! bem! é claro que eu sei... acho que esqueci... estou confuso, eu gosto muito dela, só não sinto mais atração de homem-mulher, virou amiga, irmã...

– e agora, o que você sente?

– ele insistiu, eu continuei falando dos fatos, justificando, fazendo minha defesa, sem perceber... agora eu sei... eu queria, como sempre faço, fazia, faço-me desculpar, evitar o castigo, amenizar a sentença, apresentar um álibi, uma explicação qualquer que me inocente e ele insistia no raio dos afetos... demorei a perceber que ele e eu só queríamos saber de mim, sem culpas ou desculpas, não me julgar, nem condenar ou inocentar... e eu havia esquecido, me esquecido, esquecido de sentir, de mim.

palavras (bem)ditas e ouvidas

– depois de muito falar, explicar, contar muitos fatos ouvir:

– é, tudo parece **sem graça**, sem...

– foi um choque, não ouvi mais nada. como é possível duas palavras exprimirem tão bem o que esta acontecendo comigo?! do que foi falado pouco me lembro, só as duas palavras ecoando... os dias seguintes as reduziram a uma, **graça**... graça, dádiva, presente... **presente** foi o segundo susto... constatei que só existe passado e futuro, histórias antigas, recordações, ressentimentos, saudade, lapsos, esquecimentos, planos, promessas sempre adiadas e o amanhã que nunca é hoje e, às vezes, até vira ontem... as minhas conquistas vividas como acontecimentos fora de hora ou nada mais que consequência de eventos e esforços que só poderiam resultar nisso mesmo, pagamento pelo empenho... a mesmice de sempre, tudo igual, nada próprio ...velho, sem graça, passado, esperando... bem, então é hora de corrigir, fazer alguma coisa, mudar tudo... separar, mudar de emprego, de profissão, de amigos, de casa, fazer ginástica, regime, ir ao médico, ao dentista, talvez até ao cirurgião plástico, plástico? aperfeiçoar o eu, o robô de carne e osso, pré e pós-programado, controlado, controlador, manipulador e manipulado com medo de ser descartável se não fizer direito... torto, certo, seguro, inseguro, justo, injusto, dor, prazer, alegria, tristeza, raiva, aceitação, rejeição, descontrole... controle? isso mesmo, é hora de retomar o controle, basta me controlar e tudo volta ao normal e ele outra vez:

– normal?!

– é, o que tem de errado com o normal?

– com o normal normal nada, mas parece que você está falando de normal querendo dizer automático, normal indiferente, normal inatingível, normal insensível, sem...

– chega, já entendi. então, se não é o controle, o negócio é deixar rolar, não esquentar com nada. cabeça aberta, viver o momento, sem stress, na boa, sem me importar com os outros, sair do sistema, viver na natureza...

– você começou com raiva, ironia e foi ficando...

– triste, triste! claro, fiz tudo como me disseram que era para fazer e fiquei assim vazio, sem presença... quando achei que ia ganhar estou perdido, triste e sem saída... aí, ah! vi que ele sorria e fiquei puto. já ia brigar e parei, percebi que era com doçura, cúmplice, o sorriso de quem sabe e condoído (re)conhece o que estou sentindo... desmontei... e as lágrimas pularam. depois de muito tempo, solidário ele disse:

– chega por hoje, né?

confidência

– ...silêncio, ficamos um bom tempo... um bom e longo tempo, gostoso, calados. juntos, cada um no seu lugar e do seu jeito. compartilhando, sem falar sem parar. sentindo a presença, o respeito, gozando a ocasião nada muda. acompanhado e mudo, também mudo a mim, nós e a situação.

não se paga nem se apaga

ela: ela vive me oferecendo suas jóias e eu não as aceito. tenho medo que depois ela me cobre, que eu fique devedora, obrigada a fazer o que ela quiser.

ele: é isso que ela exige, que ela contrata com você?

ela: não, isso está implícito.

ele: como assim? se eu dou um presente para você e você aceita, obrigatoriamente você fica me devendo? devedora e não grata?

ela: de algum jeito eu vou ter de pagar.

ele: então não existe gratidão na sua vida, tudo é conta corrente, dívida?

ela: claro, até se chama dívida de gratidão, é uma obrigação moral de pagar por aquilo que se recebe.

ele: você alguma vez já se deu conta do prazer que sentiu quando alguém aceitou, recebeu bem um mimo ofertado por você?

ela: já! e daí?

ele: tem razão não tem nada uma coisa com outra, estamos falando de obrigação, dívida, gratidão e não de satisfação quando presenteamos e somos regalados.

ela: os muito ricos pensam que compram tudo, inclusive pessoas.

ele: você tem medo de se vender, parecer que você é interesseira, que está fazendo por dinheiro?

ela: quero ser livre, não ter nenhuma obrigação nem dever nada a ninguém muito menos a ela que está louca e vive me ligando. fica um tempão falando, o telefone esquenta minha orelha. ela nunca está contente, vive cobrando dos filhos, do marido e comigo ela só reclama.

ele: e o quê, quanto você cobra por isso?

ela: nada, claro, que pergunta sem sentido... não, não sei. tem alguma coisa que não entendi. você está querendo dizer que eu acabo fazendo do mesmo jeito, por obrigação e sem ganhar nada?

ele: o que você ganha e como se sente depende de como a acolhe e trata o que ela lhe dá. você sabe a diferença entre dívida e gratidão?

ela: sei. não, acho que não sei nenhuma diferença definitiva. qual é?

ele: definitiva, também não sei. gosto de pensar que existe uma sabedoria em fazermos duas cerimônias de casamento, uma civil e outra religiosa. na civil, os seres racionais que somos contratam aquilo que já é conhecido, objetivo, previsível e mensurável na convivência dos casais. a religiosa nos possibilita pactuar amor, promessas, crenças, fé, esperança e tudo mais que não sabemos medir nem controlar.

ela: você está dizendo que dívida é o que é mensurável, quantificável e gratidão é como sentimentos, assim grátis.

ele: isso mesmo, obséquio sem custo nem antes e nem depois. é presente, dádiva, graça.

ela: então, segundo você, não se pode pagar pelo que nos é dado? aquilo que nos é tão importante, que chega na hora certa e do melhor jeito?

ele: gratidão é o sentimento que experimentamos quando reconhecemos o bem que alguém nos possibilitou. a simples lembrança do benefício revive em nós o agradecimento, o prazer da benevolência.

ela: e como se paga isso?

ele: aí está a graça da história, não se paga nem se apaga. pagamos a dívida, o que é material conforme combinado. já a gratidão é como o amor, uma vez sentido marca para sempre. até podemos esquecer da pessoa ou coisa que o inspirou, mas nunca mais ignoramos o amar, o ser grato.

ela: você está muito poético. ninguém faz nada sem segundas intenções, sem esperar receber algo em troca. todo mundo faz e cobra direta ou indiretamente.

ele: concordo com você "ninguém" e "todo mundo" funcionam assim mesmo. agora, você, eu, a maria e o josé podemos fazer do nosso jeito. somos capazes, sem perder a graça, de resgatar o contratado e o contrato.

ela: como?

ele: um jeito é honrando que só somos responsáveis por aquilo que acordamos. se você me dá, presenteia algo eu entendo que é de graça. se você espera receber qualquer coisa em troca precisa ser explícita, dizer o "preço" e exigir o meu aceite.

ela: fica muito fácil do jeito que você coloca, mas as pessoas não são assim simples.

ele: mais uma vez concordo que nós somos complicados. tratamos os outros como se fossem extensão de nós, iguais a nós. esquecemos que mesmo parecidos somos muito diferentes uns dos outros, somos diversos. repare quantas vezes você diz (e ouve):

"se fosse eu"
"não é assim que se faz"
"eu já disse que"
"tem que fazer como eu"

ela: então você acha que eu posso aceitar as jóias e não dever nada para ela? simplesmente dizer: obrigada, são lindas!

ele: acredito que sim, as dela e as outras que a vida e os outros lhe oferecem. facilitará se você fizer perguntas esclarecedoras como: isto é um presente? é de graça? devo algo a você por isso? e aceitar que ela, eles, a vida também não lhe deverão nada se você for generosa com ela e com eles.

pode ser

terra: outro dia fui para casa intrigada com o tal do **pode ser**. como é possível aceitar que não sei? que sou ignorante? que sempre existirá outra, outras possibilidades? que tenho de estar disponível à pluralidade de sentidos? e...

vênus: (*corretiva*) você não tem, você pode, se quiser...

terra: (*impaciente*) não me interrompam, deixem-me falar, não aguento não ter certeza, não, não é certeza que eu quero, mas pelo menos algumas garantias de que estou certa, que existe um jeito correto afinal, a psicologia prova uma série de coisas, já se estudou tanto, claro que ainda falta, mas...

saturno: (*instigador*) você fala como se faltasse apenas completar, acrescentar detalhes, só somar e é mais que isso, são outros arranjos, configurações diferentes que revelarão algo que ainda nem imaginamos...

terra: (*taxativa*) nós já sabemos o essencial, um mais dois é igual a três, de um modo é certo e de outro é errado o resto é maluquice. há muitos séculos nos comportamos igual, existem ondas, moda e apenas uma pretensa "criatividade" tentando inovar nas relações, só que nada mais é que cópia do que já foi. romeu e julieta continua valendo, os gregos, antes ainda, já escreveram tudo sobre as relações humanas e até divinas. alguns intelectuais que precisam mostrar serviço discutem se é pela direita ou pelo centro, como se isso fizesse diferença na prática.

vênus: (*provocativa*) acho interessante lembrar que se fazemos de um jeito não é só porque não sabemos fazer de outro, às

vezes nem nos damos conta de que é possível aprender, que existem muitos caminhos para o mesmo alvo.

plutão: (*solidário*) queremos que você compreenda que o **pode ser** é uma proposta para facilitar as coisas, a vida. em vez de apenas é, não é e talvez incluímos o pode ser. outras alternativas para que cada relação e cada pessoa sejam (re) inventadas, (re)visitadas, (re)vividas e (re)esclarecidas continuamente. enfatizamos que existe uma multiplicidade de jeitos de um mesmo acontecimento ser desfrutado e compreendido.

marte: (*conclusivo*) "é tudo uma questão de colocação", como já dizia o velho zé.

saturno: (*grave*) você ironiza e é isso mesmo, muda a "colocação" o todo muda. tudo muda.

terra: (*desafiadora*) quer dizer que vocês acreditam que até casamento, relação de pais e filhos, de patrão e empregados podem ser diferentes do que testemunhamos no dia a dia?

vênus: (*colaboradora*) claro, é para isso que fazemos treinamentos, grupos de crescimento...

terra: (*sarcástica*) não estou falando de "boas maneiras", mudanças aparentes, truques para que as pessoas se manipulem, se suportem com baixo custo e pouco sofrimento.

saturno: (*categórico*) eu também não, estou sim dizendo que existe oportunidade de transformar o modo como cada um e nós todos nos colocamos no mundo, reorganizar nossas

emoções, valores, escala de prioridades, deixar de ser "como sempre foi".

terra: (*provocativa*) humm! só se for por milagre. ah! já sei, você vai fundar a escola de criação orientada para o eu – eco eu – dirigida pelo guru valdez, "aquele que resolve seu problema de vez".

marte: (*jocoso*) melhor ainda, faça o programa *fast self* – crescimento profissional, pessoal, social e espiritual instantâneo – basta que você seja e se comporte tal e qual os ensinamentos *fast self*, conviva com os discípulos de *fast self*, vista *fast self*,...

saturno: (*professoral*) gente! estamos brincando, inventando propostas jocosas e todos nós sabemos que o absurdo muitas vezes revela os nossos sonhos mais extravagantes, aqueles que guiam nossas realizações, ousadias, inclusive o de que **pode ser**.

plutão: (*gozador*) eu estava em outra direção, iria por outro caminho e vocês me inspiraram algo novo e absolutamente original, tcham, tcham, tcham: "a felicidade é cada um ser como é", "seja você mesmo e será você mesmo seu mestre"...

terra: (*despeitada*) ridículo!

marte: (*atento*) você parece enfadada e achando bobagem o que estamos falando.

terra: (*desafiadora*) estou furiosa e já sei que vocês vão pegar o que falei e acrescentar algo, mais uma versão e desse jeito

nunca chegaremos ao fim, não concluiremos nada, tudo ficará sem um ponto final.

vênus: (*compreensiva*) claro, uma coisa inspira outra, coloco de um jeito e descubro que de outro também é possível, falo que não e o sim se impõe, cada comentário sugere algo inesperado.

lua:(*reflexiva*) lembrei de *história sem fim*, por que será?

saturno: (*após um bom silêncio, cúmplice*) imagino que estamos tal qual *história sem fim*, ora o nada invadindo fantasia ora a imaginação indo contra realidade, alguém buscando integração, outro autenticando o jeito de cada um, alguns considerando que vivemos um contínuo cria, destrói, conserva, deforma, mantém, transforma, sempre novidade por mais velho que pareça...

mercúrio: (*alegre e sábio*) "nada se perde tudo se transforma" ou melhor, **e** "nada se cria tudo se copia" velhas **partes** configuradas num arranjo original e tudo fica novo.

terra: (*maravilhada*) óbvio! (com entusiasmo) então o **pode ser** é apenas uma verdade, uma versão. **pode ser** em vez de uma única certeza. **pode ser** anuncia que não existe um certo e um errado e sim muitos certos e muitos errados.

vênus: (*contente*) cada um com seu ponto e com seu final.

terra: (*satisfeita cantarolando*) pode ser. pode ser. pode ser. posso ser.

mim eu eu mim

e naquele momento eu disse para mim mesma: **acorda!** e o surpreendente foi que me dei conta da oportunidade, parei para ouvir a resposta do mim e rolou uma conversa inesperada, rápida, viva, entre **eu e mim**.

mim: não, não vou acordar e não adianta você insistir...

eu: como não? quanto tempo mais vou aguentar você insensível, inatingível, parece um encantamento, pior, um entorpecimento.

mim: é isso mesmo, estou fora, fora de tudo, não quero nem saber.

eu: (*cortante*) fora de mim? da vida? de nós?

mim: (*irritado*) que nós o quê?! você enlouqueceu? eu sou você...

eu: (*mais irritado*) não, você não é eu, você é o mim, o meu mim, o mim que me completa, que me divide, que me intriga...

mim: (*entre o irônico e o alegre*) nossa!!!! que bonito você falou eu!

eu: (*firme*) ouça! acorde! brigue comigo! pare de brigar contra mim, ou melhor, contra eu! (*com raiva*) não brigue contra nós! brigue por mim eu e por você mim! brigue por nós!

mim: (*sério e tocado*) ouça você agora, merda! estou concordando com você. eu que sou o mim e quero você também eu. quero ser ouvido, considerado, quero que você aceite meus lamentos, mesmo se você não pode fazer nada. quero que você me receba, me acolha, se condoa comigo e até se apiede de mim, se for o caso.

eu: (*magoado*) mas é isso que eu pretendo quando...

mim: (*atropelando uma fala já conhecida, repetitiva*) não! você, eu, vive cheio de explicações, desculpas e o pior é quando você impõe soluções "lógicas", saídas rápidas, como se fosse só fazer isso ou aquilo e pronto, magicamente tudo resolvido.

eu: (*quase rendendo-se*) então eu não sei o que fazer mim.

mim: (*doce e verdadeiro*) valeu! obrigado, por confessar eu, eu mim também não sei e fico mais tranquilo quando ouço você eu dizer que não sabe. confio mais em você quando você me diz que está perdido e até consigo me entregar sem medo de você me e se ofender, rejeitar, criticar.

eu: (*surpreso e tentando retomar o controle*) eu me ofender, rejeitar, criticar você mim? como isso é possível? mim você sou eu. eu sou você mim. (*interrompendo-se e admitindo*) pare! paro! você tem razão. eu ofendo, rejeito, critico, acabo com você mim. acabo com eu, também. (rindo sem jeito, perdido) e aí, o que fazer então!?

mim: (*confessando*) eu mim não sei. para aguentar, eu só soube me adormecer, me anestesiar, não dar importância aos ataques, às exigências, fazer-me inatingível. evitei muita dor, mas com medo, usando indiferença, adiamentos, sofrimento, (*triste, constatando*) abafei o sentir, desliguei o pensar e acabei esquecido de eu e de mim.

eu: (*cúmplice*) que sinuca!

mim: (*concordando e completando*) que impasse!

depois de um bom pleno silêncio, sem pesar, mim e eu
enternecidos, sorriram e ruíram, riram deles mesmos, desmontados,
desmanchados e desarmados, disponíveis para novos (des)encontros
convencidos de que a convivência é possível. e cara.

conselhos cuidados

– sempre que ouço "se conselho fosse bom ninguém daria de graça" penso que quem inventou essa afirmação (e quem a repete) é alguém muito mal amado, sem amigos para compartilhar sua vida. já ganhei (ótimos) conselhos que me inspiraram e orientaram em situações que exigiam novos jeitos meus. conselhos bons são como metáforas, anunciam algo sem definir, sugerem possibilidades, não são para ser levados ao "pé da letra", falam do "espírito da coisa" e nos motivam a experimentar outros meios para alcançar nossas metas.

eu, sempre eu!?

– o que me dá raiva é que ele diz que sempre eu sou responsável, faça o outro o que fizer.

– e é isso mesmo!

– como assim? eu, sempre eu?

– lembro que ao chegar lá encontrava um clima estranho, nada estava no lugar, ninguém tinha feito a obrigação, olhavam-me sem jeito como se dissessem "chegou a arrumadeira", só me restava respirar fundo, como se faz para submergir e encarar mais uma jornada de obrigações, claro que resignada, abafando a raiva da vida, de mim. uma vez, maria me disse que eu inspirava profundamente e não expirava com a mesma intensidade, que eu de fato mergulhava, me afundava nas tarefas, sem ar. fazia tudo "de um fôlego só", sem me sentir, só ressentida. anestesiada não tinha forças para reagir, para sair do automático, do tudo sempre igual, do arroz com feijão como se diz.

– e??

– outra vez, maria, atenta e cúmplice, sugeriu que eu experimentasse variar "o feijão com arroz" que eu fizesse qualquer coisa diferente ao prepará-los – fazer no forno, mexer com a esquerda, pôr outros temperos ou qualquer outra maluquice que me ocorresse. irritou-me a simplificada que ela deu no meu problema e me surpreendi quando cheguei lá naquele dia e, inesperadamente, sentei-me na varanda com eles que conversavam. aguentei a surpresa e a tensão inicial, todos esperávamos para reagir ao que seguiria. estranhamento geral, sorri ainda sem graça e deixei o ar sair, quase um suspiro. ele olhou para mim, para nós, como há muito não fazia, e exagerou

no suspiro, foi um belo sopro. rimos, surpreendidos com nosso riso, gargalhamos e me dei conta de nós ali aliados. compreendi que eu me punha à parte e não como parte dos meus. fora dos meus sentimentos, evitando e sem contato com aquilo e com aqueles que incomodam e me fazem sentir viva.

amedronte

– da próxima vez em que você se sentir aterrorizada assuma,

seja o quê ou quem for a aterrorizadora.

– essa proposta tão simples e clara ficou ecoando, reverberando em mim sem que eu compreendesse o porquê. as palavras eram comuns, sabia seus significados, a sentença também era óbvia, porém não fazia sentido, algo não se completava. mais que uma sugestão era uma ordem, uma imposição e eu sempre me rebelei, nunca gostei que mandassem em mim sem minha permissão. não gosto que me governem e já sei que quero que me obedeçam. eu não sabia o que fazer com aquela ordem que não saía da minha cabeça. sem querer reparei que "ele" – a voz dentro de mim – começava a agir, sorrateiro, tão baixo, escondido que eu mal conseguia ouvi-lo e mesmo assim senti o medo chegando, o ar diminuindo, a ameaça ganhando corpo.

– cuidado com esses conselhos.

– "ele falava" como se estivesse cuidando de mim, me precavendo e estava metendo medo em mim, suas advertências faziam o terror ganhar vida própria, virar entidade. tão forte, real, assertivo como se tivesse certeza, principalmente que eu não aguentaria qualquer dor, sofrimento ou frustração. reparei que eu estava pequena, menina encolhida no canto, olhos e ouvidos tapados, escondida dentro de mim mesma. lembrei, então, que um amigo contou da sugestão do seu terapeuta em uma sessão:

> "imagine que você acolhe o menino que você é, com ternura, abrace-o e assegure que você, o adulto que você é, pode protegê-lo, estar junto e apoiá-lo nos momentos difíceis".

– parecia mágico, senti, "vi" a menina animar-se e olhar para "ele", o amedrontador que, surpreso, sorriu e desmontou. tremi, um forte arrepio me percorreu, desmanchei e chorei forte. logo percebi que a menina, "ele", eu adulta, todos meus "eus" somos eu mesma. às vezes inimigos, outras adversários e raramente aliados, mais por ignorância que por escolha.

se toque se

– a primeira vez que me disseram que eu era (boa) para ser vista, que eu parecia uma obra exposta numa vitrine, ri do absurdo da observação. até que um dia me peguei em frente ao espelho ensaiando a melhor postura para uma dada situação, fazendo pose e me olhando do jeito que se olha para o quê ou quem está exposta ou desfilando. eu era a contempladora e a observada, tudo nos olhos e nada nas mãos "me admire e não me toque", foi a expressão que saltou, lembrei de várias pessoas que em diversas situações haviam dito ou insinuado que eu não permitia proximidade. não gosto que me peguem, nem que me cumprimentem com beijinhos, isso é verdade.

"não me (se) toque só me (se) olhe".

"não mexa em nada, veja com os olhos, não com as mãos".

ouvi tantas vezes ordens semelhantes que eu mesma continuei me impondo essa maldita senha sempre que tenho vontade de pegar, apalpar alguma coisa ou alguém. aprendi que só posso apreciar no sentido de avaliar e julgar em vez de admirar, deleitar-me, "me tocar". o curioso é que agora aqui contando para você como sou, percebo que era assim, não estou tensa, nem enrijecida e até tenho vontade de um abraço.

aborrecer(-se)

um: ninguém fica aborrecido de propósito. o tédio ataca, pega as pessoas quando elas estão desprevenidas, desatentas, sem conseguir querer qualquer coisa de verdade, fora de si. derruba de tal maneira que até à dor ficamos indiferentes, só sabemos que ela está lá e não a sentimos.

outro: eu sei, também já acreditei que só assim fosse, imaginei que eu mesmo era uma vítima, perguntava para todo mundo o que fazer para sair desse estado de ânimo. fui muitas vezes a terapia, a festas, enchi a cara, fiz outras tantas loucuras sempre em busca de escapes e cada vez me entediava mais. até que um dia um amigo com quem me desabafei, via e-mail, condoído rearranjou e me mandou de volta o que escrevi, transformado minhas queixas em ordens (irônicas) e pediu que eu descobrisse quais delas eram minhas conhecidas, minhas donas.

um: como assim, donas?

outro: espere e você compreenderá, eu também não entendi de imediato. ele sugeriu que eu as lesse atentamente e tomasse posse delas, isto é, que me sentisse senhor delas, que em vez de só me submeter me comprometesse e as submetesse ao meu comando. parecia sem pé nem cabeça e ficou pior quando ele assegurou que eu me transformaria num mestre em aborrecimento. aborrido e confuso, primeiro apenas li as dez ordens, depois reli com vontade e leia-as você também:

1º seja um grande buscador, principalmente de motivações perdidas. espere até "sentir-se" completamente motivado para qualquer ação que vá realizar, exclua da sua vida a simplicidade e a espontaneidade.

2º pense, repense e planeje muito. procure ter certeza, logo ao acordar, como será seu dia, nos mínimos detalhes, o que fará, quais e como serão seus gozos, os divertimentos e os truques que usará para se livrar o mais rápido possível de tudo, de todos, para voltar para casa insatisfeito e com a certeza de ter se caceteado.

3º repare em todos os detalhes, principalmente, nas incoerências inevitáveis nos objetos e nas pessoas. queixe-se, denuncie, valorize cada falha sua e dos outros por menor e mais insignificante que ela possa ser.

4º avalie, julgue severamente cada movimento que já fez, está fazendo e pretende desenvolver, seja um juiz frio, imparcial, sem afeto, exclusivamente "profissional".

5º dê voltas, recomece muitas vezes a mesma atividade, dê voltas, repita as mesmas questões de variadas formas, sem ilusões, sem sonhos ou qualquer tipo de brincadeira ou graça. faça muitas perguntas e não perca tempo em tentar respondê-las.

6º leve-se muito a sério, obrigue a si e aos outros a que o percebam e o tratem como alguém que sempre é bom e justo, valorizado e admirado, obedecido e exemplar.

7º confie somente em você mesmo e mesmo assim com cautela. lembre-se que por muito sucesso que você faça, boa imagem, por melhor que seja seu currículo, você poderá ser abandonado, trocado por outra coisa ou pessoa. nada garante que os sucessos continuarão como estão ou que o futuro será bom para você.

8º logo que você sentir medo deve paralisar-se e, com certeza, não fazer aquilo que o assusta. só faça o que você tem certeza que fará muito bem feito e que não lhe provocará sensações perturbadoras. obedeça sempre seu medo, nunca ouse desafiá-lo, enfrentá-lo, muito menos tê-lo como companheiro ou guia de aventuras.

9º a aparência é fundamental. haja o que houver você tem de ter a expressão confiante, de quem sabe o que e porque tudo deve ser, pleno de experiência e sabedoria, sem revelar nenhuma dúvida.

10º a ordem mais importante para garantir o seu aborrecimento é: finja, disfarce sempre, nunca, nunca seja verdadeiro. claro que você deve dissimular tão bem que até você mesmo cairá na sua mentira.

um: estou chocado, é muito forte e cruel!

outro: realmente, também fiquei perplexo, essa descrição sarcástica e, infelizmente, velha conhecida me obrigou e me força a atentamente observar **o que e como** faço para ficar e me manter entediado. compreendi que era, sou também ativo e responsável, não só vítima impotente do

que estou sofrendo. agora, quando começo a me torturar, lembro de observar **o que e como** estou agindo, busco alternativas para meu humor, mesmo que seja ficar com raiva de verdade ou caçoar de mim, com a mesma compaixão e cuidado do meu amigo.

um: será que consigo?

deprima

uma: (*voz baixa e pausada*) eu ficaria perturbada se um amigo fizesse isso comigo, deixar-me assim tão exposta, transformar minhas confidências em receita, "ordens irônicas", "dez ordens para aborrecer(-se)".

outra: (*sorriso maroto e cúmplice*) eu gostaria de ser musa inspiradora de alguém, já imaginou uma música, um conto, uma poesia, uma escultura inspirada em mim?

uma: (*amarga e mordaz*) eu também, adoraria se fosse sobre minha beleza, minhas boas qualidades, mas nunca sobre minhas manias, meus maus modos, minha depressão. nossa! sobre minha depressão seria insuportável!

outra: ah! se fosse uma homenagem tão cruel e certeira para você e sua parceira depressão como foi para o um e o seu adorado tédio aposto que você vibraria.

uma: (*sorriso amarelo e olhar fulminante*) imagine, só o que faltava seria você insinuar que depressão pode ser comparada a tédio. menina, acorde, depressão é tratada com remédio e mesmo assim muito difícil, quase impossível, a cura. já experimentei muitos remédios, psicoterapias, até passes e nada, nada pode comigo. todos foram incapazes de controlar, de vencer minha depressão. no começo melhoro e logo caio outra vez e ninguém, nem nada, é capaz de me levantar.

outra: (*atenta e firme*) você fala com tanta certeza! parece que fica orgulhosa por ser inatingível, por derrotar tudo e todos que cuidam de você!

uma: (*ofendida*) pare! você me agride pensando e, pior ainda, falando isso de mim. justo você que é tão querida, que me conhece tanto, que sabe como eu sofro.

outra: (*séria e decidida*) desta vez não vou deixar você me calar a boca. quando li "**aborrecer(-se)**", pensei várias vezes em você e que eu adoraria conseguir fazer o que o amigo fez com ele, inverter a ordem das coisas, tirar você da condição de vítima, a sofredora, a condenada e colocá-la representando a responsável, assumindo a martirizadora, algoz e implacável criatura que você, também e tão bem, sabe ser.

uma: (*acusadora*) você está sendo injusta, brincando com uma coisa que é muito séria para mim, que eu não controlo e que tanto me atormenta.

outra: (*encarando*) isso mesmo, que tanto nos atormenta e nos paralisa. por favor, jogue comigo, só um pouco, seja a malvada por alguns minutos. inverta, faça você o que você percebe que ela, a dona depressão, obriga você a fazer, dite as ordens, faça de conta, vai!

uma: (*zombeteira e aceitando o convite*) está bem! como toda depressiva sou muito criativa, mas não adiantará nada, ah! essa já é a primeira ordem:

primeira:

tenha certeza que, faça o que fizer, não vai adiantar e será sem graça, trabalhoso e inútil. esperança é para quem vive fora da realidade, espere sempre o pior.

segunda:

critique tudo e todos, com classe, o feio e o torto devem ser evidenciados para não nos iludirmos.

terceira:

exija muito de tudo e de todos, sempre reafirmando que você se contentaria se tivesse pelo menos um pouco.

quarta:

respire pouco, curto, sem ritmo e muito discretamente.

quinta:

mas, mas, mas. termine e inicie tudo com mas, garanta que nada é o bastante e que tudo é insatisfatório.

sexta:

ironia e desqualificação são os melhores temperos para qualquer incômodo, abuse deles nos momentos em que se sentir perdida diante de uma novidade ou de um elogio.

sétima:

tudo e nada combinados com sempre e nunca sempre. assegure a generalização, não acredite no raro, no particular, pois o que vale é o corriqueiro, o já conhecido. (descontraída uma sorri, faz graça consigo mesma e completa) e seja sempre original.

oitava:

cobre e presenteie o mais possível, principalmente seus queridos, com gestos, coisas, favores, endivide-os com discrição e modéstia.

nona:

o presente é bobagem, o passado é a única certeza, o futuro será exatamente como o imaginado e, claro, catastrófico.

décima:

tenha certeza que, por mais amada que você seja, nunca será o suficiente para preencher seu imenso vazio interior. pronto.

outra: (*emocionada, surpresa e grata*) incrível como você é brilhante, você não é só uma artista, você é arte em pessoa.

uma: (*tensa, contundente, pausada*) me custa muito, dói minha alma só em suspeitar que eu possa ser culpada, causadora... ah! não! outra vez não! (quebrando o próprio padrão repetitivo). talvez até você tenha razão quanto a responsabilidade... em alguns momentos me senti bem, livre, engraçada sendo cruel, dizendo essas coisas desse jeito, eu já havia pensado nisso. agora até suspeito que posso lidar de outro jeito comigo, ser cúmplice de mim.

ponto de vista

foco aqui
vem pr'a cá
ali
vai pr'a lá

frente vira
fundo que
vira frente

muda (o)
o ponto
mudo (a)

a comunicação
o contato
a relação

vista de ponto

o presente (des)cuidado

_ presente de tempo ou de regalo?

_ os dois, o presente tempo e o presente graça.

somos presentes nos momentos, átimos, que religamos, estamos em tudo e tudo está em nós. a esses momentos costumamos nos referir como felicidade, plenitude. sentimo-nos inteiros, fluidos e integrados.

as divisões que inventamos para facilitar e que também complicam nosso viver desaparecem. o dentro e o fora, o dia e a noite, o eu e o outro, o bem e o mal, a razão e a emoção são como são: **uns não existem sem os outros.**

não planejamos, apenas agimos, só existe a experiência imediata, nenhum por que, nem para que; simples momento, nada antes nem depois; preciso e aqui.

é presente.

as "coisas" emergem, aparecem e desaparecem como as necessitamos. aproveitamos exatamente o que está acontecendo.

é difícil descrever esses momentos. ficamos surpresos, agradavelmente tocados, quando o artista, o poeta nos sugere "o espírito da coisa", nos remete ao todo da experiência.

"o que será, que será, que me bole por dentro e me faz suspirar..."

ah! como é fácil, repetir a história da galinha dos ovos de ouro, cair em tentação e pretender diferente do regalado; querer o controle da situação, contrariar o ritmo, apressar, retardar, estagnar.

"saímos" da experiência, do agora, olhamos de fora, com espírito crítico; analisamos para explicar, para repetir, para dominar e nos impedir de fluir.

esperamos ver acontecer o que já imaginávamos, alimentamos a ilusão de prever o futuro e repetir o passado.

ansiamos o que nos é negado, deixamos de saborear o que nos é possível e dado, impedimo-nos de conhecer o novo (desculpe a redundância) só **reconhecemos**.

insistimos para que seja **como era** e **como será**. colocamo-nos fora do **é.**

atenção, consciência e curiosidade são ótimos para desfrutar desse ovo de ouro, o misterioso, desafiador e **eterno presente**.

atenção, por favor, atenção!

– atenção, por favor, atenção!

quantas vezes você ouviu o chamado acima e se irritou imaginando que fosse uma "bronca"?

muitas vezes disse, inclusive para mim mesmo: **atenção!**, num tom de reprimenda, com certa impaciência e assim provoquei o oposto do que pretendia. obtive desleixo, indiferença e irreflexão.

– atenção, por favor, atenção!

experimente, por um instante, aceitar que é só um alerta e que também significa:

- peço que você se fixe no que está fazendo, concentre-se desperto e não tenso, nem alheio, apenas, atento.
- sugiro boa vontade e disposição para ouvir-se, ouvir, sentir, dar-se conta.
- silêncio.
- pare de fazer qualquer coisa, inclusive pensar, apenas atente.
- observe com tento, foque, considere.

– atenção, por favor, atenção!

pode, ainda inspirar:

- faça-se presente, visível, ouse dar na vista.
- desperte, atraia o interesse, interesse-se.
- coloque-se em destaque, alerta ao que surge, emerja no seu campo.
- trate com respeito e consideração seja o quê ou quem for.
- converse cortesmente, leve em conta o que lhe é dito.
- ponha reparo, olhe, ouça, sinta com atenção aumentada.

- deixe-se pegar, tocar, toque, cheire.
- con**centre-se**.

advirta, repreenda o outro e você mesmo se outras abordagens – lembrança, pedido, ordem, dica, súplica, convite – não forem suficientes ou se você pretender criar desentendimento na interação.

– atenção, por favor, atenção!

nutritivas ou indiferentes ou tóxicas

um interessante jeito de compreender nossas experiências e nossas relações além do bom e mau, certo e errado é nos dando conta se são experiências nutritivas, tóxicas ou indiferentes, as que pouco ou nada nos sustentam.

as tóxicas deixam um nó na garganta, uma "coisa" no peito, uma ideia que não sai da cabeça, uma dor no corpo, uma tristeza na alma e são aquelas que não se completam, ficam inacabadas.

a alegria da boa digestão; o assimilar o que é necessário e expulsar o excesso; o sorriso de bom tamanho; a cabeça criativa; os olhos vendo; as palavras claras; os gestos consistentes; os nítidos limites (para até ultrapassá-los) são sinais de experiências nutritivas. "rir à toa" e "cara de bobo" também.

adversário não é inimigo

diferenciar é um dos bons caminhos para a sanidade e para a criatividade, ou seja, para o bem viver. discriminando, separando o que está embolado e generalizado podemos lidar com cada um, desfrutar suas peculiaridades, viver as relações, com pessoa ou coisa, de modo adequado e exclusivo. curiosamente, alcançamos uma melhor percepção do todo ao considerarmos o particular. ao irmos além do corriqueiro, do rotineiro, ao colocarmos a história, o objeto e cada pessoa no seu único e devido lugar ampliamos nossas chances de usufruir gostos e momentos.

anos atrás li num pára-choque de caminhão:
adversário não é inimigo.

foi um choque, fiquei alegre como fico ao ganhar um presente, uma expressão clara, direta e oportuna. passei a usá-la em textos, nos meus trabalhos e, em especial, nos grupos para profissionais das mais diversas atividades em busca de conhecimento de si e dos outros.

a reação das pessoas diante de **adversário é parceiro** costuma ser de sorrisos amarelos e tolerantes endossados com a fala:

"você imagina que sobreviveremos se formos honestos e bonzinhos? se tratarmos nossos concorrentes como amiguinhos?"

na sequência surgem expressões de dúvida e histórias de traições; algumas metáforas que usam:

a guerra – "cada dia tenho que vencer uma batalha";
a selva – "vivemos numa selva, só o mais forte vence";
a sobrevivência animal – "ou eu mato ou eu morro nesse mundo globalizado";

como referência e paralelo para as relações no mercado atual; muitas queixas e justificativas para os comportamentos belicosos, animalescos e para os desencontros entre os clientes, os prestadores de serviços, os fornecedores ou os concorrentes. conversas sobre competição e cooperação emergem carregadas de ressentimentos e sempre acontecem discussões que geram reflexões reorganizadoras.

...adversário **não é para ser destruído...** da mesma forma, inspira:

"sem adversário os jogos não existem";
"se não fosse a concorrência nós provavelmente nem estaríamos aqui neste trabalho";
"o avesso nos provoca criatividade, inovação e o desenvolvimento de alternativas surpreendentes";
"o contrário nos revela possibilidades, caminhos muito diferentes dos nossos habituais";
"o oponente nos expõe às nossas próprias peculiaridades, às nossas diversidades";
"graças à oposição temos consciência da nossa força e da nossa potencialidade a ser desenvolvida";
"rivais se unem e cooperativamente criam associações para que as competições aconteçam com legitimidade";
"o opositor é para ser vencido e não para ser destruído, eliminado, como se fosse inútil";
"adversário apenas se opõe, compete e quer vencer o contrário, diferente do inimigo que é nocivo, tóxico e quer aniquilar o inimigo".

adversário é para ser vencido vale também para refletirmos a respeito e com respeito de nós mesmos e da nossa condição de

seres duais, divididos, cheios de incompreensões e de oposições. usualmente queremos eliminar um "lado" nosso – aquele pensamento não aceito no momento, o gesto inoportuno, o sentimento desagradável, o desejo politicamente incorreto pois, indevidamente, compreendemos e tratamos os opostos como se fossem inimigos, que podemos excluir definitivamente um ou outro, em vez de aceitá-los como contrários, adversários que pelejam para conseguirmos crescer, ampliar nossas possibilidades de todos os modos.

é difícil entender e aceitar que o bem e o mal, tanto faz se dentro ou fora de nós, são opostos e complementares como o dia e a noite, como o certo e o errado, o claro e o escuro, que um impõe o outro, que não é possível que o amor seja experimentado e reconhecido se o ódio também não o for. mocinho e bandido, os eternos adversários, sempre estiveram, estão e estarão lutando em nós, inseparáveis como "o monstro e o médico" que também somos.

inimigas e parceiras
frustração e expectativa

que tal explorarmos velhas conhecidas?

mesmo não conhecendo você imagino que você também as conheça intimamente, já tenha passado muitos momentos intensos com elas.

frustração é o nome de uma delas. lembra-se quando foi a última vez que estiveram juntas, que ela se ocupou de você?

ah! frustração! essa **"coisa ruim"** que toma conta da gente toda vez que somos enganados e nos enganamos, percebemos a novidade, somos surpreendidos pelo inesperado. ela costuma ser precedida pela expectativa, aquela que nos ajuda a nos preparar para o que virá.

a frustração que sucede a expectativa, quando o esperado não se revela, é sempre "coisa ruim", desconforto, dor que não temos como evitar. pega-nos "torto", deixa-nos sem ânimo, sem rumo, sem graça, frustrados, magoados, raivosos ou, num dos mais sofridos estados, insensíveis.

a expectativa **"dona da verdade"** é cheia de promessas e garantias. acredita que pode se antecipar aos fatos, determinar os afetos, controlar os acontecimentos e esquece que o futuro é mistério. é uma espertalhona que afirma ter certeza de que tudo é e sempre será como já foi, para quem não existe o pode ser. cultivadora de respostas estereotipadas, generalizações, definições precipitadas. ilude-nos com a crença de que é possível estarmos totalmente preparados; que fomos, somos e seremos sempre iguais; que o amanhã é como o hoje e o ontem. nada muda.

quando **"dona da verdade"** e **"coisa ruim"** atuam juntas, se sucedem, nos sentimos abusados, derrubados, derrotados.

já a expectativa **"pode ser que"** é a perspectiva que inclui:

- não saber (ainda);
- só ser possibilidade, probabilidade;
- esperar a revelação do novo;
- não ter garantias;
- saber que apenas pode ser;
- que (re)aprender continuamente é possível e necessário;
- praticar para sermos flexíveis, receptivos, inovadores;
- que o futuro é repleto de ignorado e de desconhecido;

ela, como uma boa musa inspiradora, é fomentadora de espera, paciente ou não, com a certeza de não saber o que virá, plena de esperança. pede que além de expectador – aquele que permanece na expectativa – sejamos o espectador presente que assiste, aprecia, testemunha, participa e observa. ativo, passivo e receptivo que assimila o vivido, transforma-se e interfere.

a expectativa "pode ser que", além de tudo, possibilita-nos sonhar, aspirar as mais belas, "loucas", "inimagináveis" e "impossíveis" possibilidades de tudo e de todos.

admitindo **"pode ser que"** tornamo-nos capazes para viver (em vez de evitar) a dor que emerge da frustração frente ao surpreendente que se mostra a cada instante. aceitando e sentindo a dor permitimos que ela passe, que outras emoções se revelem, que emerjam alternativas, que o original se mostre e que sejamos potentes para acolhê-los.

receita de diversidade

você já computou quantas propostas de o que fazer, como se comportar, o que comer, em que acreditar e até como deve ser você recebe e conhece, pratica ou já praticou?

basta ser persistente, andar seis quilômetros por dia, pensar positivo, estar no lugar certo na hora certa, cuidar da sua rede de relações, comportar-se com assertividade, ser consciente, comer verdura fresca, enfim, ter e ser aquilo que aquele especialista está prescrevendo naquele momento fará de você uma pessoa de sucesso, feliz.

o mais curioso é que o perito está certo, é uma boa receita e poderá trazer bons resultados. o detalhe, que frequentemente escapa, é que é apenas uma boa entre muitas outras boas receitas, pode até ser ótima, e não é a única, nem é a melhor, nem a definitiva, nem é para todos.

parece que cada um "vê o mundo como é", não como é o mundo e sim como é quem o está vendo, ou em outras palavras "à sua imagem e semelhança", o que faz com que tenhamos tantas receitas certas quanto forem os expertos.

de um pastor alemão, de um "vira-lata" e de um labrador, apesar de todos serem cães, temos expectativas e nos comportamos com eles segundo suas características individuais e nossas liberdades. da pele, dos cachorros e alguns outros itens sim, somos capazes de suportar e aproveitar a diversidade, no entanto, das pessoas, de nós mesmos, exceto quando estamos lúcidos, esperamos e nos comportamos como se todos fôssemos iguais.

muitos já aceitam que a religião e o time de futebol são escolhas de cada um, no entanto, quando diz respeito a atitudes, comportamentos, sentimentos, ideias e, principalmente, reações espontâneas pretendemos que o outro se comporte como se fôssemos idênticos.

exigimos que "o outro" (re)aja como se fosse "eu".

as diferenças, só as (re)conhecemos de "ouvir dizer", elas permanecem na teoria, no mundo do "como deveria ser" e na prática, no nosso cotidiano, atuamos como se elas não existissem. tratamos a diversidade, o diferente, do mesmo jeito que a morte, a ignoramos e/ou damos demais importância.

além dos pólos tríades

"rir é mais saudável que chorar"
"prática é mais importante que teoria"
"ouvir é mais útil que falar"
"siga mais suas emoções que suas razões"

cada vez que ouço, leio uma proposta a respeito do comportamento humano fico entusiasmado, às vezes aceito, outras rejeito e, em algumas ocasiões, duvido, preciso pensar melhor, esperar para conseguir mais nitidez na minha compreensão. gosto em particular quando é a retomada de algo que caiu em desuso, pareceu que desapareceria e, de repente, alguém nos apresenta outros aspectos que não consideramos e/ou não avaliamos ainda.

fico intrigado quando "as novidades" são apresentadas como:

a mais importante ;
a mais abrangente,
a revelação definitiva;
a que exclui e anula todas as anteriores;
a resolução final para a dificuldade "x", seja
ela qual for.

geralmente um dos pólos, do tradicional pensar dualista, é apresentado como mais qualquer coisa que o outro, às vezes é até sugerida a exclusão de um deles, como se isso fosse possível, existir um sem o outro, dia sem noite, um valer mais ou menos que o outro.

"seja alegre nunca triste",
"a frustração fortalece mais que a satisfação"
"dê mais e peça menos";
"pense menos e aja mais";
"use mais a cabeça que o coração".

são propostas que sugerem a escolha de um dos pólos impondo a desvalorização, a eliminação do outro. claro que são sugestões interessantes e, aparentemente, bem-intencionadas. elas partem do pressuposto que é possível viver um sem viver o outro e esquecem que ambos são aspectos diferentes de um mesmo fenômeno, que um chama o outro, só há positivo se houver negativo com igual força, intensidade.

impossível saborear prazer sem viver dor; só choro se sei rir; satisfação e frustração são consequências da inevitável expectativa; atração e repulsa são movimentos presentes nas relações

fica mais claro se lembramos que no meio existe o ponto zero, o indiferenciado. zero, o vazio, ponto de indiferença a partir do qual o mais e o menos se revelam simultaneamente.

impotente	potente	onipotente
rejeito	me é indiferente	aceito
menos	zero	mais

nem mais e nem menos, tampouco mais ou menos

sempre que existe o mais, observando bem, encontramos o zero e o menos.

o positivo exige o negativo e o indiferente.
amor, indiferença e ódio.
atração, apatia e repulsa.

repare que não estamos falando de mais ou menos, de média, de preto mais branco que resulta cinza e sim de preto, branco e todo o arco íris que se encontra entre os dois extremos, **as possibilidades entre falta e abundância**, o que está no meio e não é o normal, nem a média, apenas entre.

iniciador	conservador	finalizador.
amigo	indiferente	inimigo.
onipotente	potente	impotente.
introvertido	no limite	extrovertido.
antes	agora	depois.
direita	centro	esquerda.
sim	não sei	não.
dependente	independente	autossuficiente.
repulsa	apatia	atração

e o mais curioso é que todos coexistem em nós, quando um aparece, figura, os outros vão para o fundo, se escondem tal qual a lua e o sol.

(i)mensurável

facilita muito nas lidas com sócios, e/ou casais que estão em conflito (se separando ou não), lembrar a eles que o tradicional casamento costuma ser realizado em duas cerimônias distintas, ambas aproveitando nossos muitos séculos de aprendizagem enquanto espécie social. na cerimônia civil contratamos, aceitamos as leis que governam e orientam as sociedades materiais, das coisas que podem ser medidas, pesadas, quantificadas e daquelas já passíveis de serem previstas por suas repetições há muito tempo. a cerimônia religiosa diz respeito a sentimentos, anseios, promessas, nossa intenção e fé, nada, ainda, mensurável.

"ele vai dar valor ao meu amor quando não tiver quem cuide das coisas dele".
"ela vai ver quem é bom de cama na hora que precisar pagar as contas!"
"ele vai descobrir o que é confiança na hora que acabar o dinheiro e for abandonado".

sugiro esse esclarecimento nos momentos que um quer mostrar seus sentimentos, suas razões, melhor dizendo, afrontar o outro com sua certeza, joga para o outro, indiscriminadamente, sentimentos, objetos, valores. enlouquecidos nas frustrações colocam na mesma condição o que pode ser quantificado, com o que não pode e pretendem trocar um pelo outro.

os dois estão desconfortáveis, sofrendo em contato com suas perdas e danos e lhes parece que culpar o outro, cobrar indenização, causar-lhe dor e prejuízo vai aliviar sua própria ruína e dor.

e o curioso é que, pondo a falha no outro, um se faz oprimido e transforma o outro em opressor, passa para uma guerra entre poderoso e desvalido em vez de ficar numa disputa entre cidadãos com os mesmos direitos e deveres, corresponsáveis que são.

hora e lugar

"quando se come se come, quando se brinca se brinca"

é o que dizia meu avô, um bom e bravo português, às refeições tentando pôr ordem na bagunça e agitação dos netos, excitados por estarem juntos e naquela casa, espaço de brincadeiras e permissões.

lá, para as crianças, era inaceitável fazer uma coisa de cada vez, queríamos tudo ao mesmo tempo comer, brincar, falar etc.; éramos saudáveis aprendizes.

parece que hoje muitos continuam tal qual aqueles pequenos, querendo várias atividades concomitantes. como eles agimos, pensamos sem considerar tempo, espaço e mudança constante. esquecemos que tudo tem a melhor hora e lugar de ser, de existir. evitamos a angústia de escolher e vivenciar nossas limitações.

as nossas possibilidades afetivas e relacionais são muitas e variadas, cada momento, oportunidade, riso, grito de dor, suspiro de saudade, explosão de gozo, surto de raiva, aplauso de êxtase é uma expressão legítima, única e nos inspira algo novo e diferente de tudo já experimentado antes; quando as reverenciamos com atenção plena e exclusiva corremos o risco de ficar satisfeitos.

às vezes, nós e "as coisas"

às vezes uma parte, a beleza, o poder, a inteligência, este ou aquele aspecto é o que conta, o que nos atinge e desperta nosso interesse em alguma coisa ou pessoa.

outras vezes o todo, o conjunto, a configuração original das **partes,** é que apresenta "algo especial" e nos pega. podemos sentir e não precisamos definir. parece num primeiro momento que está na ginga, no olhar, no jeito, aqui ou ali e logo sabemos que não é este ou aquele pedaço e sim o arranjo que é próprio dela, "um modo particular de ser", "o espírito da coisa", o jeito que inspira, acorda em nós a vontade de conhecer.

71

às vezes, nos aproximamos:

_ com ar de **já sei tudo**, usando só a memória para fazer contato, tensos por termos de lembrar o que já aprendemos, lá no passado, prisioneiros do conhecimento cristalizado, que exclui e esgota outras possibilidades;

_ reféns de **tem que & tem que**, tem que cumprir a tarefa, tem que saber, tem que agradar, tem que ser rápido, tem que ser isso e aquilo sem espaço para ser parceiro com quem está ali naquele momento;

_ **automaticamente,** com a pose de quem se programou, ensaiou e age tal qual um vendedor sem talento, exibindo sua importância, seu valor pela quantidade e velocidade de sua produção e bens;

_ **representando como se** tudo – sentimentos, ideias, movimentos, artes etc. – estivessem apenas escondidas,

esperando para ser descobertas e usadas de acordo com as especificações;

_ **apressados,** tratando as oportunidades como obrigações ou batalhas a ser rapidamente descartadas.

e não percebemos que tais comportamentos e atitudes propiciam a insatisfação, nos impedem de bem viver:

- a excitação, o calor que a espera desperta;
- o (des)**prazer** do "não sei, ainda";
- o nos sentirmos suspensos, "livres para o salto" disponíveis para o desconhecido;
- o que se apresentará e nos tocará, como nunca antes.

outras vezes, acompanhados de medo e excitação nos achegamos:

- **atentos** e reverentes;
- com **o sentido preciso**, focados em nada em particular, disponíveis para o que "saltar aos olhos" e captar a nossa atenção;
- aplicados de modo tão particular que **aproveitamos** o que está sendo exposto e tal qual os repentistas, revelamos o que surge, quase sempre surpreendendo a nós mesmos;
- com a postura de animais que foram alertados pelo **incomum** e atentos respondem ao que se mostra, livres para correr ou, simplesmente, continuar no campo selecionando o que lhes apetece;

_ **discriminamos** o que pertence e o que não faz parte,

_ **e interagimos.**

assim, acolhendo o que se apresenta abrimos o leque e somos ventilados por outros ares, pela dádiva que nasce do encontro de nós com as "coisas" e, em certas ocasiões, até experimentamos nossa sanidade:

- comportamo-nos como gente que é responsável por sua existência;
- fazemos escolhas com a graça de quem rege uma sinfonia de possibilidades; – tratamos cada "coisa", cada movimento, som, sentimento "como pede";
- botamos a atenção do primeiro banho na filha desejada e bem recebida;
- desfrutamos como à mordida em fruta madura, colhida num dia fresco;
- vivemos com a precisão de quem sabe que só tem aqui e agora;
- saboreamos conscientemente **o instante**.

absurdo

um dos bons recursos para aproveitarmos a nossa experiência nesta terra, desfrutarmos a diversidade dela e a nossa, é vivenciar o cotidiano com **ignorância**[1], expandindo assim as nossas opções.

frequentemente ficamos tão envolvidos, tomados pelas surpresas que a vida nos oferece, que "ligamos o automático", repetimos velhos hábitos, pretendendo nos livrar logo do desconforto que o desequilíbrio [sentido e necessário para que nos mobilizemos e (re) encontremos outro, outros, pontos de apoio] desperta em nós.

não fomos, nem somos, capacitados a suportar com disponibilidade, interesse e curiosidade as "coisas", nem tampouco as originais pessoas, com traços e características diferentes daquelas que habituamos chamar de normal.

somos, fomos, treinados a esperar certeza e tranquilidade daquilo que o futuro nos prepara; a almejar que tudo aconteça na "zona de segurança"; que o novo se encaixe naquilo que já conhecemos, como se fôssemos incapazes de lidar e suportar dores e adversidades, por mais absurdo que isso possa parecer.

1 – *s.f.* (sxiv cf. FichIVPM) 1. estado daquele que ignora algo, que não está a par da existência de alguma coisa; 2. estado daquele que não tem conhecimento, cultura, em virtude da falta de estudo, experiência ou prática; 5. ingenuidade excessiva; inocência, pureza. (*dicionário eletrônico houaiss da língua portuguesa*, objetiva).

incluir

o que é sabedoria para você?
ouse responder, antes de continuar e, se possível, por escrito!

para alguns sabedoria é:

- acumular informações, simples somatória de "dados";
- decorar e ligar "fórmulas";
- colecionar receitas para serem (re)utilizadas quando o problema se (re)apresentar
- adestrarmo-nos para fazer sempre igual e perfeito.

para outros sabedoria é, também:

- (re)configurar nosso repertório e a nós mesmos;
- uma experiência em si;
- uma vivência de descobertas, de alternativas, de sensações e sentimentos, de arranjos originais de nós no nosso contínuo desequilíbrio/equilíbrio na vida;
- aproveitar que somos seres inovadores, potentes e capazes de repetir, fazer parecido com o que já fizemos e inventar outros jeitos.

para aprendermos a respeito de nós mesmos, livrarmo-nos de repetições e automatismos um bom truque é resgatar a certeza de que sabemos um mínimo do que é possível, e nos observar, pois a consciência de nossos hábitos e atitudes, padrões pessoais e culturais, nos (re)configura, nos renova para discernir e fazer escolhas mais eficazes.

lembrar que a vida é um eterno aqui e agora, também nos ajuda a tratar nossa história, nossas aprendizagens e experiências com mais cuidado e liberdade, sabedoria.

posições

dizem os sabidos que nos relacionamos, nas diversas situações da nossa vida, de cinco modos, com diferentes graus de comprometimento e autoridade:

pedindo; mandando; manipulando; furtando e violentando.

pedimos só para os nossos pares – colegas, maridos, esposas, parceiros – quem está na mesma condição que nós; posicionamo-nos claramente e explicitamos o que queremos, corremos o risco de receber um sim ou um não, cinquenta por cento de probabilidade para cada um.

– eu quero viajar com você, você vem comigo? – um par diz ao outro.

mandamos, quando somos autoridade segundo qualquer hierarquia, podemos e devemos fazer isso com boa educação e ao mandado cabe obedecer. a chance de sermos atendidos é grande, se ao pedir, figurativamente, temos cinquenta por cento, ao mandar temos oitenta por cento.

– d. margarida, por favor, traga as pastas do caso 96. – diz o gestor para sua assessora.

manipular aqui, não é no sentido de preparar com as mãos nem no de combinar temperos; é influenciar, conseguir que o outro (outros) se comporte de uma dada maneira, ludibriando-o, não se posicionando e nem declarando o que se quer.

– hum! estou tão chateada. tenho trabalhado tanto e terei de ir a belo horizonte de ponte aérea, ficar naquele aeroporto, sempre abarrotado daquela gente tão sem educação!

diz a manipuladora num grupo de pessoas, sem se dirigir a ninguém em particular, como um comentário apenas,

pretendendo, sem se comprometer e se expor, obter o que deseja. ali está também um conhecido seu dono de um jatinho particular.

furtar é apossar-se de coisa alheia, fazer manobras ardilosas para conseguir algo, "por trás" do outro sem que ele perceba.

– primeiro eu fiquei ouvindo atrás da porta, depois fui mexer na gaveta dela quando ela não estava e depois li os seus e-mails enquanto ela saiu da sala. – diz o marido à amiga comentando como controla (furta) a vida da mulher.

violentar é usar de força ou ameaça contra uma pessoa para vencer-lhe a resistência, coagir, violar para obrigá-la a fazer o que não quer, apesar dela mesma.

– depois de mandar três vezes e ele não me obedecer, peguei-o pelo braço, arrastei-o e enfiei embaixo do chuveiro com roupa e tudo. fiquei segurando até ele tirar a roupa e começar a se ensaboar. – o pai comentando com um amigo o trabalho que o filho dá.

adotamos cada uma das cinco posições de acordo com a necessidade, uma não é nem melhor nem pior que a outra, são possibilidades. ocorre dano se nos colocamos demais numa delas, seja qual for.

contínuo

os artistas e os cientistas, arteiros que são, criam obras, histórias, metáforas, teorias, contribuem para ampliar nossas possibilidades e também, nos distraem, nos levam a passear pelo desconhecido, onde muitas vezes nos perdemos.

tão acostumados estamos a considerar e a tratar o dia como oposto, às vezes até adversário da noite que perdemos de vista que dia e noite são apenas diferentes aspectos de um mesmo fenômeno, nada os separa. dia e noite se alternam e se seguem, um é consequência, parte do outro. não existe "um" e "outro", é sempre "um inteiro" em distintos momentos, com outras características, sem divisões "reais", são facetas de um contínuo – *madrugada, aurora, manhã, tarde, ocaso, crepúsculo* – com nomes próprios para facilitar nossa comunicação e orientação.

recordo a noção de contínuo, agora, não para comentar a maravilha do nosso organismo que é um contínuo, sem interrupções, uma única célula que se dividiu, se multiplicou e que se manifesta de diversos jeitos – pele, cabelo, osso, sangue – dependendo do lugar que ocupa e sim para lembrar dos nossos sentimentos e outros fenômenos que tão frequentemente parecem malucos, sem sentido.

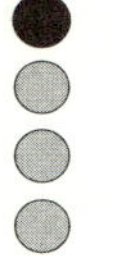

o ódio que sentimos da pessoa amada; a coragem que buscamos para suportar o medo; o mal-estar vivido quando somos aplaudidos; o alívio, quase alegria, quando a pessoa querida morre para paramos de sofrer, são alguns exemplos dessa nossa aparente maluquice, mais que contradição ou incongruência, quando pensamos a respeito do que estamos sentindo e não consideramos o tal **contínuo**.

parece que quando estamos criando, iniciando algo, só fazemos contato com o que virá e, claro, que só com o melhor do que imaginamos que virá. encantados com a claridade, o calor, o sol não nos damos conta de que o frio, a escuridão, a lua logo em seguida, se farão presentes, mobilizando em nós sentimentos outros, sombrios. até "passam" inquietações, ideias catastróficas, possibilidades de fracasso e nos fazemos de "bobos" e atrevidos deixamos para lá com o clássico: "se e quando acontecer isso (qualquer uma dessas coisas que não quero, nem planejei e deus tem que querer que não aconteça) eu me preocuparei". os catastróficos, gente chamada de pessimista, fazem o oposto do descrito e dá no mesmo, ficam com um só lado.

medo e coragem; receio e confiança; temor e valentia;
covardia e ousadia

coragem e medo; confiança e receio; valentia e temor;
ousadia e covardia

tanto faz a ordem, são aspectos do mesmo sentimento, do mesmo fenômeno, como amor e ódio – impossível um sem o outro. períodos de "dias" longos e "noites" curtas, ou vice-versa, nos possibilitam vivências intensas de um ou outro aspecto. ótimo que assim seja, cada "uma" tem sua hora para se manifestar, para brotar, emergir. cabe a nós vivê-las plenamente, desfrutando, inclusive, dos excessos a ponto de rir, chorar, explodir, expressá-las, acolhê-las como quem se nutre com o sol e se recolhe com a lua.

vícios e danos

às vezes nos comportamos como se não tivéssemos escolha, simplesmente atuamos, parece que estamos tomados, submetidos por forças que desconhecemos. nós, nossos "modos" agindo apesar de nós.

"modos" que chamarei, conforme o uso popular, de hábitos, manias e vícios.

hábito é o nosso modo usual de ser, o esperado: de agir, sentir, comportar; nosso jeito ordinário, constante, "automático", que com atenção e algum esforço, podemos alterar.

a mania já é o hábito exagerado, um costume esquisito, extravagante, muitas vezes chamado de mau hábito por ser nocivo de algum modo e difícil de controlar, mudar.

o vício é uma coisa falsa, mascarada para se passar por verdadeira, foi criada com o intuito de enganar, adulterar algo que era bom. no vício há sempre muitas intenções, explicações, justificativas, culpas, desculpas, mal-estar e nos deixa intoxicados, pois nunca é uma vivência nutritiva. usualmente o cacoete e o vício estão juntos, ambos são repletos de trejeitos, comportamentos repetitivos, automáticos, incontroláveis e enganadores.

contrafeito é o que é, e como nos sentimos ao ser tomados por um vício. essa estereotipia trapaceira que nos usa mal, nos envenena, nos violenta e:

inicia com a promessa de prazer;
mantém-se pela necessidade de fugir do
desprazer e (nos) acaba nos impedindo de
exercer a liberdade de escolha de ir e vir.

a pessoa que já sabe ou está desconfiada que é
viciada constata que:
rejeita pedir e, principalmente,
aceitar ajuda para se cuidar;
acredita saber e ser capaz de fazer sozinha tudo;
o outro é apenas mais um a ser vencido,
derrotado, incluindo os profissionais
que (testa) contrata para tratá-la;
pensa que já sabe tudo a respeito do seu vício,
inclusive como vencê-lo.

e o que o viciado não percebe é que ele confunde informação com conhecimento; que suas informações – que ele até reconhece como ineficientes e ineficazes – precisam ser fecundadas por outra pessoa, um cúmplice, alguém que o respeite e aguente se condoer e sentir dor, para transformá-las em experiência de vida.

a dor:

de viver;
do (re)conhecimento de sua incompletude;
de sua impotência frente "à coisa falsa",
o monstro que desenvolveu em si;
de sua incapacidade de sentir e aceitar
a incerteza do amar e do ser amado;
da inteligência só, não ser suficiente
para vencer o vício inimigo;
de não conseguir usar a própria
força para bem-fazer a si mesmo;
de ignorar a compaixão
de autenticar a limitação e a miséria humana;

de escolher para onde, com quem e como ir e vir;
de resgatar a capacidade de ser de fato livre;
de ser igual a todo mundo e ser mais uma;
de não ser nem mais nem menos
que ninguém, ser indivíduo[2].

os vícios, como a chantagem, parecem muito fortes, extorquem-nos enquanto os mantemos em segredo, escondidos e quando os revelamos, compartilhamos com outras pessoas, principalmente com aquelas que têm coragem de admitir que também os sofrem, descobrimos que são, apenas, vampiros, sonhos maltratados que não suportam luz, autenticidade e solidariedade.

2 aos clientes que me procuram, e que já sabem ou descobrimos que são viciados, costumo pedir que, simultâneo ao trabalho de psicoterapia, frequentem as reuniões dos grupos de ajuda que seguem os princípios do AA. esses clientes têm conseguido boas reorganizações pessoais e resgatado o respeito com e por seus parceiros de miséria e busca.
AA – alcoólicos anônimos – é uma das mais ricas contribuições a nós todos por sua sabedoria, compaixão, respeito à liberdade e à individualidade.
os doze passos, mais do que uma proposta de "cura", são um roteiro para o resgate da dignidade e têm sido "aproveitados" por quem se atreve a enfrentar, honrar suas dores e frustrações para, então controlar o que os controla, seus vícios.
muitos outros grupos de anônimos – NA– narcóticos anônimos; JA – jogadores anônimos; CA – compradores anônimos; SA – sexólicos anônimos (compulsivos por sexo) etc.– foram criados por pessoas que ousaram se assumir como adictos e seguem "o espírito", os ensinamentos do AA, buscando atitudes afetivas, eficientes e eficazes de ajuda a si mesmas e para quem quer (re)conquistar a capacidade de escolher para onde, com quem e como ir e vir.
um interessante aspecto do AA é que apenas quem não sabe, não é capaz de se controlar, ajuda e é ajudado por outra pessoa que sofre as mesmas dificuldades, quebrando, assim, o velho paradigma do poderoso agindo sobre o miserável, do ajudador superior corrigindo o ajudado inferior e impõe a certeza de que pessoas, **apesar de e graças a** seus estorvos, podem ajudar pessoas.

obrigado!

anos atrás ouvi um rapaz dizer, com a certeza que apenas os jovens e os ingênuos são capazes, que agradecer uma delicadeza ou gesto amoroso de um íntimo era indevido; uma verdadeira blasfêmia. alegava ser uma imposição social aplicável nas relações de interesses materiais e que transferida para o próximo, o querido, o transforma num objeto qualquer.

a obrigatoriedade do agradecimento como retribuição ou compensação está sim ligada às boas maneiras, aos cuidados necessários no conviver em sociedade como um modo de facilitar as relações, expressar apreço e reconhecer o outro, sua obra ou gesto; diferente da experiência amorosa, quando afetivamente nos sentimos agradecidos por algo que nos tocou e precisamos compartilhar esse bem-estar. queremos render graças, tal qual aparece na maioria das religiões fazer uma reverência.

a lembrança, apenas, já nos joga numa zona de festa, contentamento por algo que é graça e deliciosamente de graça. a alegria que experimentamos no momento de encontro com a beleza nos toma, mexe nossos músculos, o sangue, o sorriso abre e põe brilho no nosso olhar. os crédulos dizem até que a alma se renova e que a rede da qual fazemos parte se fortalece.

tanto faz se é uma obra de arte desenlace de muita criatividade e empenho; a obra de um artesão ou de um prestador de serviço; um trabalho bem feito ou um pôr de sol, uma árvore, um animal, um gesto, coisa ou pessoa com as quais deparamos a todo instante. o que quero evidenciar aqui é a emoção sentida ao encontrarmos a boniteza, que nos remete à consciência de que estamos vivos e que naquele momento algo muito bom ocorre.

tudo isso para recordar que existe um obrigado que é prescrito, imposto por uso, convenção, ligado à dívida e a bons modos e outro que é graça, o sentimento de gratidão por benefícios gozados, e que cada um "usado" com bom-gosto e bom-senso, não só agrada quem ouve como também nutre quem diz.

elegi escrever sobre a gratidão na esperança de alertar a mim e a você leitora, leitor para que não nos percamos nas obrigações ao celebrar, ao festejar seja lá o que for, para que façamos contato, tenhamos consciência dos bens vividos, desfrutados e agradeçamos de muitos jeitos.

ao presentear aproveite da emoção de quem recebe e lembre-se de atentar e gozar seu próprio prazer de dar.

obrigado por você ler o que escrevo. obrigado!

sei

s e i

t **u** d **o**

n **a** d a

s **e** **i**

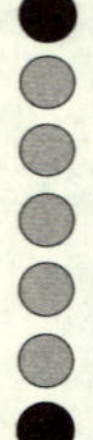